W0404326

L'humain d'abord

L'humain d'abord

Le programme du Front de Gauche
et de son candidat commun Jean-Luc Mélenchon

Librio

Inédit

© E.J.L., 2011

Sommaire

Introduction

Oui c'est possible. L'humanité a déjà surmonté de nombreuses catastrophes. Derrière la crise du système capitaliste qui se déroule sous nos yeux, il y a la possibilité d'un monde meilleur. Nous devons la saisir. Elle est à notre portée. Encore faut-il que nous le décidions.

La catastrophe écologique, l'explosion des inégalités, de la précarité et de la pauvreté, les violations répétées de la démocratie, le refus de rapports humains fondés sur la solidarité et la coopération, tout ceci a une cause dont l'action humaine peut venir à bout. Tous ces maux trouvent leur commune origine dans la caractéristique essentielle de notre époque : la domination sans partage du capital financier sur le monde. Or cette domination en apparence inébranlable est en réalité d'une grande fragilité. Car elle dépend tout entière de choix politiques que les peuples peuvent inverser. Affrontons la finance et nous retrouverons rapidement un avenir.

C'est ce que nous proposons dans ce programme. Nous n'avons pas attendu pour cela la crise des *subprimes*, les paniques boursières de l'été 2011 et les diktats adressés par la Banque centrale européenne, instance non élue, aux gouvernements souverains de l'Union européenne. Ensemble, nous avons combattu la réforme des retraites que Sarkozy justifiait déjà par les exigences des marchés financiers. En 2005, nous avons mis en échec l'arrogance des puissants qui voulaient graver dans une Constitution européenne la suprématie des marchés. N'avions-nous pas raison face à ceux qui prétendaient que le traité de Lisbonne allait accoucher d'une Europe qui protège, dotée d'un « leadership » enfin solide ? Chacun ne voit-il pas aujourd'hui que leurs promesses étaient mensongères ?

Nous avions raison mais notre vote a été piétiné. Car ce sont désormais les « marchés financiers » auxquels les gouvernements confient la réalité du pouvoir. C'est leur tyrannie qui jette le monde entier dans la tourmente, réclamant aux peuples des sacrifices toujours plus grands afin qu'ils règlent les montagnes d'argent virtuel qu'ils ont amassé. Tel est le résultat concret des politiques néolibérales qui n'ont pas cessé malgré la crise. Les gouvernements européens veulent aller plus loin dans ce sens en intégrant dans la loi fondamentale des États l'objectif de l'équilibre budgétaire, ce que Nicolas Sarkozy appelle « la règle d'or ». Si une telle disposition était intégrée dans la Constitution française, les prétentions des détenteurs de la dette s'imposeraient à nos représentants élus.

Le problème est donc politique. Tout comme la noblesse de 1789 ne pouvait rompre avec l'Ancien Régime, le capitalisme financier est incapable de sortir d'un système qui le gave de privilèges. Pour résoudre la crise, il faut reprendre le pouvoir. Pour en finir avec l'insécurité sociale générée par le règne du profit, pour que le respect de l'écosystème menacé par le réchauffement climatique et la destruction de la biodiversité prime sur les exigences du court terme, pour que les lois adoptées visent à satisfaire l'intérêt général plutôt que l'avidité insatiable de quelques-uns, il faut que soient élus des dirigeants qui ne dépendent d'aucune manière de l'oligarchie financière et que le peuple, à la faveur d'une Sixième République, exerce le pouvoir pour de bon. Il faut une révolution citoyenne.

Déjà des révolutions se développent sur plusieurs continents, en Amérique latine, dans les pays arabes... Le leadership que se sont octroyé les États-Unis est contesté de toutes parts. Des jeunesses se lèvent, indignées. Les bourses, les marchés financiers sont mis en cause, y compris par les « chefs d'État » qui leur ont donné tant de pouvoirs !

Alors nous, en France, faisons aussi place au peuple. Un rendez-vous arrive qui peut en être l'occasion. Dans cette période exceptionnelle, la présidentielle et les législatives de 2012 seront bien davantage qu'une énième échéance électorale. Et quand le peuple tout entier sera appelé à exercer sa souveraineté et dire où il voit l'intérêt général, il peut ouvrir le premier acte de cette révolution citoyenne.

Ce programme veut y contribuer. Non pas comme un recueil de solutions toutes faites. Nous sommes dans un de ces moments de l'histoire où seule l'intervention directe du plus grand nombre peut réinventer l'avenir. Mais comme un outil visant à rendre majoritaires deux convictions qui peuvent tout changer.

Premièrement, il faut rompre avec les politiques suivies par les gouvernements au pouvoir ces dernières décennies. Bien sûr, il y a eu des différences entre la politique des gouvernements de droite et celle des gouvernements de gauche. Mais il y a aussi eu malheureusement des points communs : la croyance dans la construction actuelle, libérale, de l'Union européenne, la volonté de réduire le « coût du travail », le démantèlement des services publics, le refus d'affronter les banques et les marchés financiers. Ces dogmes continuent d'être répétés par les partis et médias dominants. Ils sont appliqués avec aveuglement par des gouvernements et des institutions internationales, Union européenne, FMI, OMC, Banque centrale européenne, dirigées indifféremment par des membres du PS ou de l'UMP. Nous vous proposons de rompre avec ces principes qui nous ont menés dans l'impasse, en imposant par votre vote d'autres idées, d'autres institutions et d'autres représentants.

Deuxièmement, nous connaissons le point d'appui à partir duquel reconstruire : l'humain. La richesse d'un pays réside dans le travail humain, dans la capacité de ses femmes et de ses hommes à s'associer librement et à créer, à inventer, à produire. Le titre de notre projet, *L'humain d'abord*, n'exprime pas simplement une préférence morale, il dit aussi notre stratégie contre la crise. En refusant la domination du capital financier sur le travail, en luttant contre la précarité, en garantissant à chaque personne le droit de se soigner, de s'éduquer, de se loger et de travailler, nous protégeons et accroissons les forces créatrices qui refonderont notre pays et aideront demain à changer le monde.

Dans l'ordre politique aussi, nous plaçons l'humain, les citoyens d'abord. Là encore ce n'est pas simplement par conformité avec nos idéaux démocratiques. C'est aussi une condition nécessaire pour sortir de la crise. Face à la domination des marchés financiers qui soumet nos sociétés aux intérêts d'une petite oligarchie, nous avons besoin de la souveraineté du peuple, seule à même de viser l'intérêt général. Pour abolir les privilèges de notre temps, il nous faudra assumer puis remporter la confrontation avec la finance. La condition première de notre succès sera la mobilisation des femmes et des hommes, la construction de nouveaux rapports de forces favorables aux travailleurs et aux citoyens. L'humain d'abord, toujours.

Le Front de Gauche est justement né de l'exigence de réinventer la gauche en s'appuyant sur l'implication populaire. En créant le Front de Gauche, les militants des partis et des formations qui le composent – il y en a six désormais[1] – ont bousculé leurs habitudes et se sont unis afin de se mettre à la hauteur de ce moment exceptionnel.

Nous aspirons à bouleverser radicalement la vie politique de notre pays. Nous voulons que les classes populaires retrouvent leur place alors que ce régime

1. Gauche unitaire, Parti communiste français, Parti de gauche, Convergences et alternative, Fédération pour une alternative sociale et écologique, République et Socialisme.

devient de plus en plus censitaire. Nous voulons bousculer la donne à gauche. Nous voulons que la volonté inflexible de résister à la finance devienne majoritaire à gauche et dans le pays. C'est la condition pour qu'un gouvernement de gauche fasse du bon travail et ouvre une issue à la crise. C'est la condition pour battre durablement Sarkozy, la droite et l'extrême droite.

Ce programme est le fruit de nos réflexions mais aussi celui de forums publics tenus dans tout le pays. À l'image du Front de Gauche, c'est un cadre général ouvert à l'implication populaire. Il présente les grandes lignes dont nous voulons débattre pour éclairer le choix que chaque citoyen aura à faire en 2012. Des ateliers législatifs avec toutes celles et tous ceux qui le souhaitent vont permettre de le compléter, de le renforcer et de le traduire en mesures législatives encore plus précises. Ce livre aspire en premier lieu à être enrichi, discuté, contesté même. Il veut provoquer et nourrir le débat politique sans lequel il n'est pas de démocratie adulte, condition d'un peuple émancipé.

1

Partager les richesses et abolir l'insécurité sociale

La France est plus riche que jamais. Mais jamais non plus cette richesse n'a été aussi peu partagée. Les réformes libérales qui se sont encore accélérées sous le pouvoir actuel ont permis à une petite minorité d'accumuler des fortunes considérables. La pauvreté et la précarité se sont étendues, touchant des secteurs jusqu'ici préservés. L'égoïsme social des possédants viole l'intérêt général. En partageant les richesses et en garantissant le droit de chacun à une vie stable et digne, nous permettrons à tous de vivre mieux. C'est le premier chantier de notre programme. Pour créer des millions d'emplois il propose une véritable réduction du temps de travail, une sécurisation de l'emploi et de la formation tout au long de la vie, la création d'un nouveau crédit bancaire sélectif et des pouvoirs nouveaux pour les salarié(e)s dans les entreprises. Il veut abolir la précarité et prône une augmentation des salaires et des retraites, le droit au logement pour tous, la défense d'une vraie protection sociale, des services publics consolidés et étendus.

Agir tout de suite

Rétablissement des 35 heures
Droit à la retraite à 60 ans à taux plein
Smic à 1 700 euros brut par mois pour 35 heures

Instauration d'un salaire maximum pour toutes les entreprises
Augmentation immédiate des bourses d'études, élargissement des droits sociaux aux jeunes majeurs
Convocation d'assemblées régionales et nationale pour l'emploi, les qualifications et les salaires
Remboursement à 100 % des dépenses de santé
Abrogation de la loi Molle*[1] sur le logement
Blocage des loyers
Revenu maximum fixé à 360 000 euros par an
Arrêt de la RGPP
Abrogation de la réforme hospitalière, réintroduction des élections paritaires dans les caisses de gestion de la Sécurité sociale
Mesures immédiates contre la précarité et titularisation des 800 000 précaires de la fonction publique

Agir pour un changement durable

Smic à 1 700 euros net par mois pendant la législature
Refonte du Code du travail pour abolir la précarité et établir l'égalité femmes-hommes
Mise en chantier d'un système de sécurité, d'emploi et de formation pour tous
Mise en place d'un statut social pour tous les jeunes permettant leur autonomie
Création d'un pôle public du médicament

AUGMENTER LES SALAIRES

Nous voulons rétablir le droit au travail, à l'emploi et au repos dans une nouvelle répartition des richesses. Pour cela, nous établirons les 35 heures effectives, le droit à la retraite à 60 ans à taux

1. Les mots suivis d'un astérisque renvoient au glossaire qui se trouve à la fin du livre.

plein, le Smic à 1 700 euros et un salaire maximum dans les entreprises publiques et privées.

Après leur remise en cause par la droite, **les 35 heures seront pleinement établies par la loi, sans annualisation, ni perte de salaire** et avec les embauches correspondantes (notamment dans la fonction publique), sous le contrôle des élus du personnel. Le recours aux heures supplémentaires sera strictement limité. Nous agirons dans une logique de plein emploi, de réduction du temps de travail, d'abolition de la précarité et d'installation d'une « sécurité emploi-formation ». Chaque année, nous réunirons les partenaires sociaux et les différentes collectivités publiques dans une assemblée nationale et des assemblées régionales permettant de fixer des objectifs précis pour l'emploi, les qualifications et les salaires.

Hyper-riches et pauvreté de masse, l'explosion des inégalités

45 %, c'est la part des Français qui n'ont pas pu partir en vacances cet été, 32 %, celle de ceux qui ne peuvent même pas partir une semaine dans l'année. Depuis une vingtaine d'années, les inégalités se creusent. Entre 1990 et 2008, le pouvoir d'achat des 10 % les plus riches a crû de 27 % et celui des 10 % les plus pauvres de seulement 13 %. Mais ces chiffres ne rendent pas compte de l'accumulation sans précédent de richesses qui se concentre entre quelques mains. Entre 2004 et 2008, avec la droite, le revenu des 1 % les plus riches a augmenté en moyenne de 7 700 euros par an et celui des 0,01 % les plus riches, de 180 400 euros par an. Tout en haut de la pyramide, Liliane Bettencourt a gagné en 2005 l'équivalent de 15 000 Smic.

Pendant ce temps les 50 % les plus modestes, assujettis à la précarité et au chômage de masse (entre 2,7 et 5 millions de chômeurs selon les modes de calcul en 2010) se contentaient d'une augmentation moyenne de 900 euros par an.

Nous rétablirons également le droit à **la retraite à 60 ans à taux plein** (75 % du salaire de référence) pour toutes et tous avec la prise en compte de la pénibilité de professions particulières donnant droit à des départs anticipés. Aucun salarié ne touchera de retraite inférieure au Smic. **Le financement des retraites sera assuré** en particulier par une cotisation nouvelle sur les revenus financiers des entreprises, au même taux que les cotisations employeurs sur les salaires. L'accroissement du taux et de la masse des cotisations patronales sur les salaires sera modulé en fonction des choix de gestion de ces entreprises. Aucun recours à la fiscalisation des retraites ou de la protection sociale ne sera opéré pour leur financement.

Afin d'enrayer la montée des inégalités de richesse dans notre pays, nous **procéderons à une réévaluation globale des salaires et des traitements**, des indemnisations du chômage et des retraites, et les indexerons sur l'évolution du coût de la vie. Cette réévaluation se fera aux deux extrémités de l'échelle des salaires. **Nous porterons immédiatement le Smic à 1 700 euros brut par mois pour 35 heures**, conformément aux revendications syndicales, et 1 700 euros net pendant la législature. Un salaire maximum sera instauré. La Confédération européenne des syndicats propose d'ailleurs, dans toutes les entreprises, que l'écart entre le plus bas et le plus haut salaire ne puisse dépasser 1 à 20. Ainsi, les patrons ne pourront gagner plus sans d'abord augmenter les salariés du « bas de l'échelle ». Par la fiscalité, nous établirons un revenu maximum fixé à 20 fois le revenu médian (soit aujourd'hui 360 000 euros par an).

Nous voulons éradiquer la pauvreté ! Aucun revenu ne pourra être fixé sous le seuil de pauvreté (environ 800 euros par mois pour une personne seule, soit 50 % du revenu médian : il concerne 13 % de la population) en tenant compte de la composition familiale. Les minima sociaux seront fixés en référence au Smic et indexés sur celui-ci.

Abolir la précarité

La deuxième caractéristique du capitalisme de notre époque est la généralisation de la précarité. Nous combattrons ce fléau qui ronge à petit feu les forces vives du pays. **Nous agirons pour éradiquer le chômage et prendrons des mesures contre la précarisation de toute la vie sociale**, et en particulier en faveur de celles et de ceux qui en sont les premières victimes : les jeunes, les travailleurs précaires (exploités par le détournement des lois), les chômeurs (mis à l'écart et stigmatisés), les femmes, etc.

Pour sortir les jeunes de la précarité, de la dépendance familiale et du recours au salariat pendant leurs études, **nous créerons un statut social pour tous les jeunes permettant leur autonomie**. Nous mettrons en place un **système d'allocations** financées, pour les jeunes en formation, par la solidarité nationale, et pour ceux en recherche d'un premier emploi, par la Sécurité sociale professionnelle. Ces contrats sécurisés de formation et d'emploi ouvriront droit à la prise en charge des cotisations sociales afin entre autres d'inclure les années de formation dans la durée de cotisation pour la retraite. Ainsi, l'entrée sur le marché de l'emploi ne sera plus cette période blanche où le jeune travaille autant, sinon plus qu'un autre salarié, pour un revenu et des droits moindres.

Le CDI à plein temps sera réaffirmé comme norme du contrat de travail, le recours aux intérimaires et contrats à durée déterminée strictement encadré. Un quota maximal d'intérimaires et de contrats à durée déterminée égal à 5 % des effectifs dans les grandes entreprises et 10 % dans les PME sera instauré sauf dérogation justifiée. Afin de lutter contre la perpétuation à l'infini de la galère, nous créerons un droit automatique au passage à temps plein pour les temps partiels. Les droits des salariés des entreprises sous-traitantes seront alignés vers le haut sur ceux des donneurs d'ordre. Les stages seront encadrés : obligation de rémunération à 50 % du Smic dès le premier mois de stage, limitation de la durée des stages à 6 mois, délai de carence de 3 mois entre deux stages, quota de stagiaires par entreprise, cotisation sociale sur les indemnités de stage et accès des stagiaires à la protection sociale. Une sécurité sociale professionnelle pour tous les salariés sera créée (voir p. 45).

En plus des nouveaux droits donnés aux salariés et aux comités d'entreprise en cas de licenciement et de délocalisation, nous rétablirons l'autorisation administrative de licenciement. **Nous interdirons les licenciements boursiers** ainsi que la distribution de dividendes pour les entreprises qui licencient. En cas de délocalisation ou de dépôt de bilan, nous instaurerons un droit des salariés à la reprise de leur entreprise sous forme de coopérative.

Nous abrogerons la RGPP (voir p. 14) et renforcerons la fonction publique, notamment par les embauches nécessaires à la satisfaction des services rendus à la population. **Parce que l'État doit être exemplaire, nous titulariserons les 800 000 précaires de la fonction publique.**

Nous abrogerons toutes les lois antisociales qui ont cassé le Code du travail et engagerons sa refonte pour introduire de nouveaux droits et des garanties élevés pour les salariés, ainsi qu'une nouvelle convention de l'Unedic (visant la fin des radiations, l'arrêt des dispositifs de contrôle social des chômeurs mis en place à Pôle emploi, l'ouverture des droits à la protection chômage dès le premier mois de travail). La hiérarchie des normes et le principe de faveur seront notamment rétablis : aucun accord d'entreprise ne pourra être moins favorable aux travailleurs qu'un accord de branche ou que le droit commun (cf. p. 63). Nous réintroduirons l'obligation de réintégrer les travailleurs abusivement licenciés s'ils le souhaitent et nous supprimerons la loi Maillé* d'extension du travail du dimanche.

Le respect de ces droits et de ces protections sera, au quotidien, le meilleur garant du recul de la souffrance au travail. Le nouveau Code du travail assurera l'abolition de la précarité et **l'égalité femmes-hommes** dans l'entreprise en prévoyant de lourdes pénalités pour les entreprises qui ne respecteront pas cette égalité. Les **effectifs de l'inspection du travail seront doublés** pour faire respecter les droits sociaux du travail. **Nous ferons de la protection sociale un bien commun** et un droit de base pour tous en renforçant le principe de solidarité entre les générations. **La perte d'autonomie** (que la droite nomme « dépendance ») sera couverte dans le cadre de la protection sociale sans recours aux assureurs privés. Et **nous favoriserons, au niveau départemental, la création de pôles publics de « l'autonomie »**.

La lutte pour la santé au travail sera décrétée cause nationale dès la première année de mandat, et nous engagerons immédiatement, en concertation avec les personnels de la santé et les représentants des salariés, le réinvestissement massif de l'État dans la médecine du travail.

Plan d'urgence pour le logement et contre la spéculation immobilière

À cause de la crise et de la bulle immobilière, les conditions de logement de nos concitoyens se dégradent. Nous ferons à nouveau du logement un droit et une priorité nationale. Pour cela, nous abrogerons la loi Boutin (Molle*) et toutes les aides fiscales au logement spéculatif privé. **Le logement locatif social sera reconnu comme le logement universel accessible à tous**. Nous engagerons un plan d'urgence national pluriannuel de construction de 200 000 logements publics sociaux par an pendant cinq ans comprenant un volet spécifique de logements étudiants et pour les jeunes. Nous porterons donc le budget logement à 2 % du PIB en crédits de paiement, et reviendrons à une aide à la pierre à hauteur de 40 % du coût des opérations, avec des prêts publics bonifiés et de longue durée de remboursement.

Le mal-logement en France

La France compte plus de 3,6 millions de personnes sans logement ou très mal logées auxquelles il faut ajouter cinq millions de personnes mal logées (copropriétés dégradées, logements surpeuplés). Entre 2002 et 2006, le nombre d'impayés de loyer a bondi de 83 % dans le secteur privé. Le nombre de décisions d'expulsions a dépassé les 100 000 sur une année, en hausse de près de 43 % en dix ans. 1,3 million de demandes de logement social sont en souffrance et concernent 3 millions de personnes, une hausse de 25 % en moins de 10 ans. 3,5 millions de familles sont en situation de précarité énergétique, c'est-à-dire qu'elles consacrent plus de 10 % de leurs ressources aux dépenses d'énergie.

Ces situations humaines dramatiques ne sont pas une fatalité. Elles sont la conséquence de la hausse des loyers (+ 50 % à 90 % selon les endroits entre 2000 et 2010) et du nombre bien trop faible de constructions de logements sociaux.

Nous interdirons les expulsions locatives de toute personne et famille en difficulté économique et sociale. Nous garantirons à chacune et chacun le droit au maintien dans son logement, par la mise en œuvre d'une sécurité locative mutualisée. Nous mettrons en place **une tarification sociale garantissant le droit et l'accès de toutes et de tous à l'eau et à l'énergie**. Nous garantirons et renforcerons les moyens de l'hébergement d'urgence.

Nous revaloriserons l'APL en supprimant le mois de carence de son attribution, son caractère rétroactif, et en indexant le forfait charges sur l'évolution réelle de celles-ci. Pour favoriser l'accès au logement dans le parc privé, nous supprimerons la caution.

Nous supprimerons le surloyer ainsi que les plafonds de ressources. Dans un premier temps **nous bloquerons les loyers** dans le public et encadrerons leur évolution dans le privé par le plafonnement des prix à la vente et à la location, en fonction de la tension dans les territoires. Dans un deuxième temps, pour garantir l'égalité d'accès de tous à un logement de qualité, la mixité sociale de l'habitat, et permettre la baisse des loyers pour le plus grand nombre, **nous nous fixerons l'objectif que la proportion du loyer et des charges dans le budget des familles n'excède pas 20 % de leurs revenus**.

Nous appliquerons la **loi de réquisition des logements vacants** et **engagerons un plan de mobilisation des logements vides** : réduisant le délai de vacance d'un logement, nous renforcerons les critères de procédure de réquisition et l'abattement annuel de 10 % au bout de la cinquième année et d'exonération pour les étrangers. Nous instaurerons une taxe sur les bureaux vides.

Nous créerons un service public national et décentralisé du logement, de l'habitat et de la ville.

Ce service public se déclinera en quatre volets :

• **un pôle public financier**, appuyé sur la Caisse des dépôts et consignations, pour financer le logement social.

• **un pôle public de la construction** pour casser le monopole des majors du BTP et permettre l'abaissement des loyers et des charges.

• **une agence nationale foncière** et décentralisée au niveau des régions, dotée de fonds d'intervention importants, pour lutter contre la spéculation du sol par une maîtrise publique des sols *via* des baux emphytéotiques et pour inciter à la construction de logements sociaux dans toutes les communes.

• **des outils publics** ou à vocation publique dont la mission serait de mettre en œuvre localement le droit au logement avec une gestion démocratisée, consolidée par une représentation renforcée et majoritaire des élus locaux, des représentants des salariés, des associations et des usagers bénéficiant de nouveaux droits de décision et de contrôle.

Nous agirons pour une application résolue de la loi SRU* élargie en remontant, à 30 % en zone de tensions et à 25 % sur le reste du territoire, le seuil minimal de logements sociaux ; dans les communes ne respectant pas la loi SRU, tout programme de construction de plus de 10 logements devra respecter le quota de 50 % de logements sociaux. En cas de refus, le préfet pourra prendre d'autorité les dispositions nécessaires.

Le financement des crédits alloués au logement social sera assuré par le **relèvement du plafond du Livret A à 20 000 euros**, la recentralisation de sa collecte par la Caisse des dépôts et consignations, **la majoration de 0,55 % de la contribution des employeurs à l'effort de construction** pour établir un véritable 1 % logement. Nous taxerons **la spéculation financière et immobilière avec la création d'une taxe « contribution logement » de 10 % sur les revenus financiers**, et nous supprimerons la taxation des bailleurs sociaux adoptée dans le projet de loi de finances de 2011.

Nous soutiendrons les collectivités qui créeront les conditions d'une accession sociale à la propriété.

Nous appuierons les projets innovants favorisant l'accompagnement des personnes en demande d'urgence.

Nous agirons pour la généralisation, dans l'ensemble du parc d'habitation public et privé, des normes environnementales, pour l'application des normes réduisant les factures énergétiques et les émissions de CO_2 et pour l'émergence d'une filière de l'éco-construction.

LA SANTÉ, NOTRE BIEN COMMUN !

Le niveau des indicateurs de santé révèle avant tout les inégalités socio-économiques. En ce sens, les mesures qui précèdent concourent toutes à renforcer le droit à la santé, que nous définissons comme « un état de bien-être physique, mental et social » et considérons comme une préoccupation transversale de toutes les politiques publiques.

Nous mettrons fin en priorité aux **fermetures et démantèlements d'hôpitaux**, de maternités, de centres de soins et d'IVG. Nous garantirons l'accès effectif et gratuit à la contraception et à l'IVG.

Nous abrogerons la loi Bachelot et la loi de 2003 instituant la tarification à l'activité. Nous investirons massivement pour redonner à l'hôpital public les moyens nécessaires à une politique de santé de qualité.

Nous rétablirons le remboursement intégral à 100 % des dépenses de santé couvertes par la Sécurité sociale en y incluant les lunettes et les soins dentaires ; les mutuelles seront orientées principalement sur les questions de prévention. Nous supprimerons les forfaits et les franchises. Le financement de la protection sociale doit être construit à partir des cotisations sur les salaires, avec une modulation et une contribution sur les revenus financiers des entreprises, des banques et des assurances.

Nous voulons reconstruire et développer **un service public de santé basé sur la proximité et la qualité des soins** avec les personnels, les élus et les citoyens.

Nous favoriserons **la mise en réseau des hôpitaux entre eux et avec la médecine ambulatoire** pour développer la prise en charge technique nécessaire sans l'opposer à la proximité, pour réduire les temps d'attente dangereux et onéreux et contribuer à la coopération des professionnels. **Nous assurerons la promotion des centres de santé et le respect de leur vocation initiale d'accès aux soins pour tous.**

Le travail en partenariat avec la médecine libérale sera renforcé. Afin de prendre en charge « la personne » dans sa globalité – et non le « malade » – le médecin généraliste verra sa position nettement revalorisée. La médecine générale sera considérée comme une spécialité, revalorisée dans la formation, dans sa rémunération et sa reconnaissance universitaire. Plutôt qu'une politique fondée sur la sanction financière, la puissance publique développera de nouvelles formes de rémunération intégrant l'élaboration des dossiers, la prévention et l'éducation à la santé.

Pour faire face à la pénurie des médecins généralistes et de certaines spécialités, le nombre d'étudiants à l'entrée des études de médecine sera augmenté de manière significative dans la perspective de la suppression du *numerus clausus*.

Nous organiserons une négociation conclue par un accord majoritaire pour redéfinir une nouvelle convention médicale, remettant en cause les dépassements d'honoraires et créant de vraies incitations à l'installation (financières, techniques, d'aide à l'installation ou à l'équipement, etc.) pour en finir avec la désertification médicale.

Pour lutter contre la pénurie de personnel, nous lancerons **un programme de formation de toutes les disciplines de la santé, libéré de l'influence des laboratoires pharmaceutiques**.

Nous organiserons la formation par concours d'entrée dans la fonction publique. La validation des acquis se fera aussi devant des commissions multidisciplinaires sur le principe de trois tiers-temps : formation, production de soins et temps de formateur ou de contribution à l'éducation sanitaire.

Le maillage du territoire national devra être assuré pour répondre aux besoins de santé et non pas en fonction de logiques comptables. Pour ce faire, nous établirons une **couverture nationale de santé** égale sur tout le territoire. Tous les bassins de vie seront dotés d'équipements publics de santé (hôpitaux, services hospitaliers, maternités, urgences...) en rapport avec leur population.

Les réponses au manque d'autonomie seront prises en charge par la Sécurité sociale à 100 % pour la partie « soins » et par le développement des services publics.

Nous organiserons un grand débat public pour une réforme progressiste de la psychiatrie respectant les libertés individuelles.

Nous libérerons la recherche pharmaceutique de la soumission aux marchés et aux laboratoires en mettant en place **un pôle public du médicament avec au moins une entreprise publique qui interviendra sur la recherche, la production et la distribution des médicaments**.

Ce pôle public :

• produira une partie des médicaments ;

• contrôlera le système de sécurité des médicaments, leur mise sur le marché et leur prix ;

• sera doté de pouvoirs de sanction à l'égard des laboratoires qui manqueraient à leur devoir de sécurité sanitaire ;

• relancera la recherche publique et fera adopter une charte incluant le devoir de recherche sur les médicaments dits « non rentables ».

Nous redonnerons à la santé publique, à la promotion de la santé et à la prévention, les moyens qui leur font défaut, notamment en matière d'étude et de recherche.

Nous répondrons à l'exigence de sécurité sanitaire avec un vrai contrôle démocratique et une mobilisation permanente de tous les acteurs.

Les ARS* seront supprimées. L'ensemble des dispositions en faveur de la santé sera mis en œuvre par des instances regroupant les personnels et les professionnels, les élu(e)s et les citoyen(ne)s.

UN PACTE POUR UN NOUVEL ESSOR DES SERVICES PUBLICS

Les services publics doivent satisfaire les besoins des populations et l'intérêt général. Ils doivent donc être préservés de toute soumission à des intérêts privés comme aux marchés financiers.

L'éducation, la santé, la protection sociale, la recherche, l'énergie, l'eau, les transports, les télécommunications, le crédit, le logement, la Poste, la sécurité et la justice seront protégés comme notre patrimoine commun car ils assurent les conditions de l'égalité et de la citoyenneté.

Nous ferons nôtres les objectifs du **Pacte pour les services publics**, adopté aux États généraux de janvier 2011, fondé sur le principe d'**appropriation sociale, d'égalité et de solidarité, de reconquête du bien commun par le peuple dans le plein exercice de sa souveraineté et sur l'ambition d'un développement humain durable.**

Nous reconstruirons et développerons nos services publics. La RGPP qui les démantèle sera abrogée, les postes qui répondaient aux besoins collectifs et ont été supprimés par la droite seront tous rétablis. Pour que l'accès égal de tous y soit garanti, nous maintiendrons et reconstruirons les services publics de proximité et réviserons les tarifs, en appliquant le cas échéant la gratuité.

La révision générale des politiques publiques (RGPP)

Menée sous couvert de « responsabilité » et de « rationalisation », la RGPP est une terrible entreprise de démantèlement et d'application des normes du privé à la fonction publique. Mise en place en 2007 et poursuivie chaque année depuis, elle va du plus voyant (principe du non-remplacement d'un fonctionnaire sur deux ; embauche de salariés précaires en dehors des concours de la fonction publique ; logique managériale de gestion des universités à travers la loi LRU – voir encadré p. 79) au plus sordide (réduction de l'hébergement d'urgence, superprimes accordées aux préfets ou aux recteurs en fonction des postes supprimés). La RGPP dégrade le service rendu aux usagers, prive des territoires sinistrés de services publics et provoque de graves souffrances chez les personnels (multiplication des suicides).

Nous développerons et créerons des services publics, **définis démocratiquement par les citoyens, les salariés et leurs élus, assurant une répartition des richesses qui doit permettre l'effectivité des droits, et financés par une fiscalité juste et redistributrice**, une taxation des revenus et des actifs financiers, la taxation des revenus du patrimoine ainsi que la suppression des exonérations de cotisations sociales patronales et des niches fiscales qui, aujourd'hui, profitent aux hauts revenus et aux grandes entreprises.

Les moyens des services publics seront renforcés avec des financements dégagés de l'emprise des marchés financiers pour leur permettre de remplir leurs missions au service de l'intérêt général, en dehors de toute contrainte de rentabilité financière. Des critères d'efficacité sociale seront établis démocratiquement en lieu et place des critères marchands.

La délégation de service public sera strictement encadrée. Il sera créé un nouveau statut d'Établissement public local citoyen inspiré des Epic*. Ils seront dirigés par les collectivités, les salariés et les usagers.

Les directions des entreprises publiques qui se sont acharnées à introduire la logique privée au détriment de l'intérêt général seront remplacées par des cadres compétents et attachés au service public. Les méthodes managériales inefficaces et cruelles introduites dans les services publics au détriment des salariés et des usagers, conduisant à une dégradation sans précédent des conditions de travail et de service jusqu'au drame, seront abandonnées. **Nous étendrons et augmenterons la place des représentants du peuple dans la gestion des services publics**.

Les secteurs confiés au service public seront protégés de la libéralisation des marchés et de leur mise en concurrence. Le monopole public sera rétabli là où l'intérêt général le commande. Au plan européen et mondial, nous agirons **pour le développement de coopérations publiques solidaires afin d'étendre**

et de renforcer les services publics : leur harmonisation ne pourra se faire **que par le haut**. Nous reviendrons notamment sur la directive « Services » (dite « Bolkestein ») et nous stopperons toutes les libéralisations entreprises notamment dans les secteurs du rail, du courrier et de l'énergie.

De nouveaux services publics seront créés et développés, en particulier dans le domaine de la petite enfance.

Un service public de l'information et de la culture, soustrait du pouvoir de l'argent et des pressions politiques, sera le garant du pluralisme et de l'exercice de la citoyenneté (voir p. 69, 83).

L'État garantira l'accès de chacune et de chacun à la pratique sportive de son choix tout au long de la vie. Il donnera au **mouvement sportif** les moyens de l'accomplissement de ses missions de service public (voir p. 85).

2

Reprendre le pouvoir aux banques et aux marchés financiers

En quelques années, la finance a conquis des pouvoirs exorbitants. Le dollar, monnaie internationale de référence, n'a plus aucun lien avec une quelconque réalité matérielle. Les détenteurs de capitaux peuvent agir à leur guise sur des marchés boursiers méthodiquement dérégulés. Ils ont obtenu une fiscalité au bénéfice des revenus du capital, le droit d'échapper en grande partie à l'impôt, la libre circulation du capital financier dans le monde et ils se permettent aujourd'hui de « noter » les États, les plaçant sous la menace des attaques des spéculateurs.

Nous mettrons fin à ces privilèges inouïs et contraires à la démocratie qui nous placent sous la menace de crises financières incessantes et de politiques d'austérité désastreuses. Nous mettrons en place une nouvelle réglementation bloquant la spéculation et la financiarisation de toute l'économie et placerons sous contrôle social les banques privées qui la violeraient. Nous agirons pour changer les missions de la Banque centrale européenne et créerons en France un pôle public bancaire et financier qui agira pour l'emploi et les salaires, contre les délocalisations et la spéculation.

Agir tout de suite

Adoption d'une loi portant création d'un pôle public financier transformant notamment la politique et les critères du crédit
Placement sous contrôle social des banques privées qui ne respecteraient pas la nouvelle réglementation en matière de lutte contre la spéculation et la financiarisation de notre économie
Blocage des échanges de capitaux avec les paradis fiscaux
Réforme de la fiscalité : suppression du bouclier fiscal, augmentation de l'ISF et de l'impôt sur les revenus du capital, taxation des revenus financiers des entreprises, mise en place du principe de modulation de l'impôt sur les sociétés et du taux des cotisations sociales patronales en fonction des objectifs d'emploi, de formation et de salaires de l'entreprise
Suppression des exonérations de cotisations sociales patronales qui ont montré leur inefficacité
Création d'un Fonds national et de fonds régionaux pour l'emploi et la formation

Agir pour un changement durable

Transformation des missions, de la politique monétaire et de la gouvernance de la Banque centrale européenne (BCE) et de la Banque de France et création d'un Fonds européen de développement social, écologique et solidaire pour l'expansion des services publics, de l'emploi et des qualifications
Création de pouvoirs nouveaux pour les salariés et leurs représentants dans la gestion de leur entreprise, ainsi que des citoyens dans les institutions bancaires et les collectivités territoriales

L'ARGENT DES ENTREPRISES

Nous proposerons des mesures précises pour désintoxiquer les entreprises de la finance et pour mettre fin à la déstructuration du marché du travail et à la désindustrialisation du pays. **Nous en finirons avec les 30 milliards d'euros annuels d'exonérations de cotisations sociales patronales**, dont on a pu constater l'inefficacité pour l'emploi, et avec les exonérations fiscales.

> *Privilèges fiscaux des grandes entreprises : l'exemple de Total*
>
> Le groupe pétrolier Total a réalisé en 2011 plus de 10 milliards d'euros de bénéfices, distribués pour moitié à ses actionnaires. Mais il ne verse pas un sou au titre de l'impôt sur les sociétés. C'est la conséquence du « bénéfice mondial consolidé », une niche fiscale taillée sur mesure pour 5 grands groupes désignés par le ministre de l'Économie (dont Total, Vivendi et NRJ). Ce dispositif est révélateur des privilèges fiscaux concédés principalement aux grandes firmes transnationales. Les petites entreprises de moins de 9 salariés sont ainsi taxées en moyenne à 30 %, là où celles du CAC40 le sont à seulement 8 %. Mais il ne représente qu'une petite part des 170 milliards d'euros de niches fiscales dont bénéficient chaque année les entreprises au détriment du budget de l'État.

Nous taxerons les revenus financiers des entreprises.

Nous modulerons l'impôt sur les sociétés et le taux des cotisations sociales afin d'inciter les entreprises à développer la valeur ajoutée, les formations, les salaires et l'emploi, en pénalisant les entreprises qui délocalisent, développent leurs placements financiers, ou se servent des nouvelles technologies pour supprimer des emplois et dégrader les conditions de travail.

Nous créerons les conditions pour imposer aux banques le financement, à des taux d'intérêt faibles, de projets porteurs d'un renforcement de l'emploi, de la qualification et du potentiel de création de valeur ajoutée dans les territoires. Ainsi, des **fonds régionaux et un Fonds national pour l'emploi et la formation** pourront se servir des moyens d'intervention publique à leur disposition (bonifications d'intérêts, garanties d'emprunts) en réutilisant à cet effet les fonds aujourd'hui gaspillés dans les cadeaux fiscaux et sociaux aux entreprises.

Toutes ces aides auront une contrepartie sociale et environnementale contraignante.

L'argent public

Nous voulons libérer les finances publiques des griffes des marchés financiers.

Notre stratégie se décline en quatre axes : reprise du contrôle des mouvements de capitaux aux frontières de l'Union européenne ; possibilité que les banques centrales contribuent directement au financement des biens et des services publics ; obligation de détention de titres de la dette publique par les institutions financières ; abrogation du Pacte de stabilité et du Pacte pour l'Euro+* pour ouvrir la voie à un nouveau Pacte européen de progrès social et de codéveloppement.

Nous proposons que la BCE (et les banques centrales nationales comme la Banque de France qui constituent ensemble l'Euro-système) finance directement, par création monétaire, **un Fonds de développement social, solidaire et écologique européen** (voir p. 70). Celui-ci remplacera le Fonds de stabilité financière institué en mai 2010 par les dirigeants de l'euro et auquel ceux-ci entendent substituer, à partir de 2013, un « Mécanisme européen de stabilité » flanqué du « Pacte pour l'Euro+* ».

La « règle d'or » et la dette

La question de la dette fait l'objet d'un double mensonge :

– La dette serait due aux politiques de redistribution. Or ce sont les politiques fiscales de droite qui ont creusé la dette. Depuis 2002 la multiplication des exonérations fiscales et sociales a fait perdre près de 100 milliards d'euros au budget de l'État et a provoqué le doublement de la dette. Par ailleurs, dès 1973 l'État a renoncé à sa prérogative de battre monnaie. Ne pouvant se financer directement ni auprès de la Banque de France ni aujourd'hui auprès de la BCE, il est ainsi obligé de s'adresser aux banques privées, qui prélèvent des intérêts au passage. La dette de tous fait la rente de quelques-uns.

– La « discipline budgétaire » aurait le même sens pour un ménage et un État. En réalité, le déficit public, bien utilisé, crée de la demande. Il permet de remplir le carnet de commandes des entreprises et de stimuler la création de richesses et d'emplois, bases des recettes fiscales et parafiscales qui contribuent ensuite à réduire la dette. Les cures d'austérité drastiques, en supprimant au passage des services utiles aux populations, entraînent le scénario grec : on déprime la demande, les entreprises ferment ou licencient, l'économie entre en récession, donc les rentrées fiscales baissent et pour finir… la dette augmente.

Des titres publics pour le développement social seront rachetés directement par la BCE et les banques centrales nationales. Cette création monétaire, allouée *via* le Fonds de développement, permettrait de répartir des masses volumineuses de financement, à taux d'intérêt nuls ou très bas, entre les pays membres de l'euro, en fonction de leurs besoins propres et, expressément, pour le développement des services publics nationaux et de leur coopération européenne.

Le Fonds financerait également des **projets publics** démocratiquement sélectionnés sur la base de critères précis de création et de sécurisation des emplois, de développement de la formation et de la recherche, de respect de l'environnement, d'élévation du potentiel de création de valeur ajoutée des territoires.

Cela permettrait, non seulement de défendre, mais d'élever le modèle social européen.

Sans attendre, la Banque de France sera mise au service de ces objectifs.

Parce que l'investissement public est nécessaire et tout particulièrement en période de crise pour suppléer les défaillances de l'investissement privé, **nous refusons le dogme de la réduction de la dépense publique.** Nous refusons d'inscrire dans la Constitution l'objectif de l'équilibre budgétaire que Nicolas Sarkozy appelle « la règle d'or ». **Nous établirons une fiscalité qui redonne toute sa place à un impôt sur le revenu réellement progressif.**

La réforme de la fiscalité permettra de contribuer à cette réorientation radicale de la politique économique. Nous mettrons fin au démantèlement de la fiscalité du patrimoine engagé par le gouvernement actuel, nous supprimerons le bouclier fiscal et nous augmenterons le rendement de l'ISF. Une loi anti-évasion fiscale permettra l'imposition des revenus des Français à l'étranger. Loin de toute fusion entre la CSG et l'impôt sur le revenu, nous mettrons en place une nouvelle cotisation sociale sur les revenus financiers afin d'aller vers la suppression de la CSG et l'extinction de toute fiscalisation de la protection sociale.

L'ARGENT DES BANQUES, UN PÔLE FINANCIER PUBLIC

Contre la dictature des marchés financiers et des gestionnaires de capitaux, l'obsession du court terme et le contournement de la démocratie, **nous agirons pour établir le pouvoir de la société sur les banques et le crédit afin de produire autrement les richesses.**

Nous créerons un pôle financier public par la mise en réseau des institutions financières publiques existantes (Caisse des dépôts, Crédit foncier, OSEO, CNP, Banque postale), des banques et des assurances mutualistes dans le respect de leurs statuts et la nationalisation de banques et de compagnies d'assurances.

Ce réseau sera chargé d'une nouvelle mission de service public du crédit et de l'épargne, au service de l'emploi, de la formation, de la croissance réelle et de la préservation de l'environnement afin de sortir de la crise et de l'emprise des marchés financiers.

Son action permettra de soutenir localement les luttes sociales, appuyées sur de nouveaux droits des salariés et des citoyens et sur des fonds régionaux pour l'emploi et la formation. Les salariés et leurs représentants disposeront d'un droit de saisine de ce réseau.

La « gouvernance » d'un tel pôle reposera sur des pouvoirs nouveaux exercés par les représentants de la nation, les représentants des salariés travaillant dans ces institutions et leurs usagers : les entreprises et collectivités territoriales, bien sûr, mais aussi les salariés, les chômeurs, les précaires et leurs représentants, les associations de consommateurs et les associations de défense de l'environnement. Une telle gestion démocratique permettra notamment de développer des missions spécifiques d'intérêt général en faveur du financement des PME, du logement, des collectivités territoriales, des services rendus aux déposants.

Nous combattrons la spéculation et la financiarisation de notre économie en interdisant les ventes de gré à gré, les ventes à découvert et les produits spéculatifs et en bloquant les échanges de capitaux avec les paradis fiscaux, ce qui contribuera à leur disparition. Nous imposerons la séparation des banques de dépôt et des banques d'investissement. Nous interdirons les stock-options, les LBO* et les engagements hors bilan et obligerons les entreprises à la transparence financière. Nous protégerons les collectivités locales victimes des crédits toxiques. Les mouvements internationaux de capitaux à des fins de spéculation et de placement financier seront contrôlés et taxés.

L'argent en Europe et dans le monde

Nous agirons en même temps pour changer les traités européens, afin de mettre un terme à l'indépendance de la BCE vis-à-vis des instances démocratiques nationales et européennes, et pour que sa mission, sa politique monétaire et de crédit donnent la priorité à l'emploi et au développement humain durable.

Cette action peut commencer dès aujourd'hui dans les luttes pour d'autres financements des entreprises et des services publics, avec le Fonds de développement social solidaire et écologique européen financé par la création monétaire de la BCE (voir p. 32, p. 70).

En même temps, il s'agirait d'instituer une coopération euro-méditerranéenne de progrès social, écologique et de codéveloppement en direction des pays du Maghreb, du Machrek, d'Afrique noire et du Moyen-Orient.

Simultanément à ces actions pour une autre utilisation de l'euro en France, en Europe et dans le monde, nous prendrons des initiatives pour mettre fin à la domination des États-Unis sur le système monétaire international avec la création d'une monnaie commune mondiale alternative au dollar. Elle permettrait l'essor d'un nouveau crédit massif, peu coûteux et sélectif, pour financer les investissements nécessaires aux peuples du Sud pour maîtriser leur développement et pour protéger l'environnement et les biens communs de l'humanité.

3

La planification écologique

Nous le savons désormais, la catastrophe écologique remet en cause potentiellement les conditions mêmes de la vie humaine sur Terre. Or le réchauffement climatique, la destruction de la biodiversité, l'épuisement rapide des ressources naturelles ne sont pas des catastrophes d'origine naturelle, mais le résultat des logiques capitalistes du profit maximal à court terme. Face à la tyrannie du productivisme, nous proposons la planification écologique comme moyen de redéfinir nos modes de production, de consommation et d'échange en fonction de l'intérêt général de l'humanité et de l'impact de l'activité économique sur l'écosystème. Elle permettra de préciser les orientations et les investissements publics nécessaires pour enclencher une transition écologique et promouvoir un développement humain durable créateur d'emplois et facteur d'égalité sociale. Elle s'appuiera sur un plan écologique débattu et voté au Parlement, assorti d'une loi de programmation financière.

Agir tout de suite

Moratoire sur toutes les politiques de déréglementation de l'énergie, abrogation de la loi NOME

Mise en place d'un plan de transition écologique réintroduisant la maîtrise publique de l'énergie et

promouvant des investissements publics conditionnés à des critères écologiques, sociaux et démocratiques
Mise en place d'un plan de financement pour la sobriété et l'efficacité énergétiques et pour la diversification des sources d'énergie

Agir pour un changement durable

Maîtrise publique de la gestion de l'eau et de l'assainissement

DES CHOIX ÉNERGÉTIQUES SOUS CONTRÔLE CITOYEN

Nous réaffirmons l'exigence de la maîtrise publique, sociale et démocratique du secteur de l'énergie, seule garante de la transparence, de l'indépendance, de l'expertise et de la qualité des installations et des exploitations. **Nous créerons un pôle 100 % public de l'énergie comprenant EDF, GDF, Areva et Total renationalisé**. Ses salariés seront toutes et tous sous le même statut. Ils et elles seront associés étroitement aux choix de gestion de l'entreprise publique, et leur liberté d'expression sera garantie. Les citoyens seront également associés à la direction de ce pôle. Nous agirons parallèlement pour la création d'un tel pôle public au plan européen.

Nous proposerons un débat public national immédiat sur la politique énergétique en France. Ce grand débat devra permettre la remise à plat des choix énergétiques et du nucléaire et préparer le remplacement des énergies fossiles. Il se déroulera sous contrôle citoyen de l'information jusqu'à la prise de décision et se terminera par un référendum. **Dans le domaine du nucléaire civil, l'ensemble des possi-**

> *La loi NOME*
> *(Nouvelle organisation du marché de l'électricité)*
>
> Adoptée le 7 décembre 2010, elle crée par son article 1 le système de l'Accès régulé à l'électricité nucléaire historique (Arenh), à travers lequel EDF est contrainte de revendre à ses concurrents privés une partie de la production d'électricité des centrales nucléaires. Ainsi, la « rente nucléaire » des centrales, construites par l'investissement public et donc par les citoyens, bénéficie au privé au nom de la concurrence « libre et non faussée ». Ce système ne peut qu'entraîner un manque d'investissements et à terme une situation de sous-capacité de production, ainsi que, mécaniquement, la hausse du tarif de l'électricité sur le réseau EDF, les opérateurs augmentant leur marge sur le dos des usagers. Voilà le vrai visage du dogme libéral où la concurrence est censée profiter au consommateur !

bilités – dont la sortie du nucléaire ou le maintien d'un nucléaire sécurisé et public – sera alors tranché. Aucun choix définitif en matière de politique énergétique ne sera effectué avant la conclusion de ce grand débat public. Sans attendre, la réinternalisation de toutes les opérations de maintenance et de sûreté nucléaire sera engagée.

Nous mettrons en place une tarification sociale et progressive qui assure l'accès à l'énergie de toutes et de tous (cf. p. 20). Nous mettrons fin aux coupures d'électricité qui se multiplient aux dépens des plus pauvres.

Nous programmerons les investissements publics, les emplois et les formations nécessaires à la sobriété, à l'efficacité énergétique et à la diversification des sources d'énergie, notamment en faveur des énergies renouvelables. Nous mettrons en place les procédures nécessaires aux diagnostics de sécurité, de préservation de la planète et de notre environnement. La nécessaire réduction des consommations ne peut conduire à réduire le niveau de vie des classes populaires. C'est la sobriété énergétique que nous visons : moins de consommation pour des usages identiques. Ce sont les gaspillages ostentatoires des très riches qu'il faut combattre.

Nous abrogerons les lois de libéralisation de l'énergie. **Nous lancerons un réseau de géothermie profonde**. Nous engagerons un effort massif en faveur de la recherche, des filières technologiques et industrielles, des investissements, de la formation pour le développement des énergies renouvelables et leur utilisation publique ainsi que pour le traitement des déchets issus de la filière nucléaire.

Nous mettrons en place **un plan national de remise aux normes énergétiques des logements et de l'ensemble des bâtiments publics**. Nous créerons pour les particuliers une allocation sur condition de ressources pour financer la rénovation thermique des logements.

Relocaliser l'économie, coopérer, lutter contre les GES. Une nouvelle politique de transport

La France agira pour l'institution de protections et de normes sociales et environnementales communes aux Européens, face à la pression des capitaux et des productions à bas coût sur les marchés mondialisés avec, par exemple :

- des prélèvements nationaux concertés sur les réimportations en Europe de productions délocalisées,
- une taxe « kilométrique » de manière à réduire les transports de marchandises évitables.

Les prélèvements et les taxes seront alloués à un Fonds pour le codéveloppement permettant de financer des politiques de développement social et environnemental.

Toutes les politiques publiques concourront à lutter contre l'émission de gaz à effet de serre (GES).

Nous mettrons en place **un Pôle national des transports publics** favorisant le développement des transports collectifs et leur accès par toutes et tous.

Nous abrogerons les lois de libéralisation du rail. Nous engagerons le processus de **désendettement du système ferroviaire** et mettrons fin aux mesures de défiscalisation et exonération favorisant le transport aérien par les entreprises low-cost.

Nous favoriserons le développement des transports publics de proximité et leur gratuité.

Nous développerons le transport ferroviaire et fluvial et le transport maritime côtier. Nous favoriserons le ferroutage, en régénérant, modernisant et adaptant les réseaux existants, en baissant les tarifs ferroviaires voyageurs et en fixant **un prix unique au kilomètre. Nous inscrirons dans la loi le wagon isolé** (messagerie ferroviaire) comme un service d'intérêt général, éligible pour des subventions publiques. Nous lancerons un grand plan ferroutage avec comme objectif que tous les camions traversant notre pays entre la frontière belge et la frontière espagnole passent sur des trains.

L'État et les banques garantiront le financement de ces mesures.

Le « versement transport », payé par les entreprises, sera doublé, généralisé et modulé.

Contre la marchandisation des biens communs, préserver et partager les ressources naturelles

Nous défendrons résolument le droit inaliénable à l'eau comme bien commun de l'humanité en engageant un processus d'appropriation sociale de la gestion de l'eau et de l'assainissement.

Nous accompagnerons la gestion publique de l'eau par les collectivités territoriales compétentes afin de leur permettre d'en assurer la maîtrise publique et donc le contrôle par les citoyens, les élus et les usagers : un débat public aura lieu sur l'utilisation de ce bien commun. Les collectivités pourront décider par exemple la gratuité des mètres cubes nécessaires à la vie, la facturation progressive des mésusages ou encore des tarifs différenciés entre les ménages et les industriels.

Nous visons à constituer un grand service public de l'eau. Il pourra mutualiser les moyens et les investissements. Il reposera sur une organisation décentralisée et contrôlée localement par les collectivités, les usagers et les salariés.

L'État interviendra contre la marchandisation de l'eau en mettant en place un mécanisme de péréquation nationale pour permettre des tarifs d'accès égaux au m^3, avec l'objectif que les dépenses d'eau par famille n'excèdent pas 3 % de leurs ressources conformément aux recommandations de l'OCDE.

Nous voulons sortir du modèle économique qui fait supporter aux usagers, sur leur facture, l'essentiel des défis environnementaux et des futurs investissements nécessaires à la distribution et au traitement de l'eau, grâce à de nouvelles modalités de financement. Pour cela, nous créerons une filière publique des métiers et de la recherche sur l'eau et l'assainissement.

Nous allongerons les garanties légales pour favoriser un usage à long terme des produits et développerons les consignes pour que l'usager ne paie plus le prix des emballages. Nous renforcerons la législation contre l'utilisation de molécules chimiques qui nuisent à la santé. Nous lutterons contre l'aliénation consumériste en limitant la publicité dans l'espace public et sur toutes les chaînes de télévision. Nous interdirons les OGM en plein champ et la vente libre des pesticides et herbicides chimiques nocifs pour la santé (le « Roundup », notamment).

4

Produire autrement

Le mode de production actuel ne vise pas la satisfaction des besoins humains. Il donne la priorité au profit à court terme, laisse de côté des besoins sociaux immenses parce que ceux-ci sont non rentables tout en encourageant les productions inutiles au bénéfice de la surconsommation des plus riches. Il dégrade gravement les conditions de travail et d'emploi. Nous lui opposons un nouveau mode de production dont la finalité sera le développement de toutes les capacités humaines et l'épanouissement de chacun(e) plutôt que l'intérêt du capital. Il sera basé sur une politique industrielle favorisant l'éco-développement, une politique de réduction du temps de travail avec création d'emplois correspondants, ainsi que le développement d'emplois utiles intégrant de nouveaux besoins communs. Cette réorientation passe par un renforcement des droits des salarié(es) pour avancer vers un contrôle collectif des conditions de travail, de son organisation et de son contenu.

Agir tout de suite

Création de pôles publics de l'industrie
Plan national de transition écologique de l'agriculture, révision du mandat des Safer* et du Code des

marchés publics, soutien à l'installation des jeunes agriculteurs et à une agriculture responsable

Agir pour un changement durable

Redéfinition de filières industrielles prioritaires pour répondre à des objectifs sociaux et environnementaux
Adoption d'une nouvelle politique agricole commune fondée sur l'objectif de souveraineté alimentaire et centrant la production sur les besoins intérieurs
Mise en place d'un nouvel Indicateur de progrès humain (IPH)* après débat populaire et vote du Parlement

Promouvoir un progrès humain durable

L'organisation de la société doit viser un but : l'intérêt général et l'émancipation de chacune et de chacun. Elle doit donc encourager les activités socialement utiles car il n'y a pas de progrès humain quand seules les activités offrant une rentabilité suffisante au capital se développent. Elle doit permettre une citoyenneté effective car il n'y a pas de progrès durable si les citoyens sont transformés en consommateurs sommés d'écouler une production qui croît sans cesse indépendamment de toute prise en compte de l'impact environnemental et des besoins réellement humains.

Ces nouveaux objectifs nécessitent d'autres indicateurs que ceux à partir desquels est actuellement jugé le « progrès » des sociétés, notamment le PIB utilisé pour mesurer la croissance. Nous proposons donc la mise en œuvre de nouveaux indicateurs qui contribueront à engager une réorientation radicale de nos modes de production, d'échange et de consommation, mais aussi à inventer une nouvelle conception du progrès.

Un Indicateur synthétique de progrès humain (IPH) devrait prendre en compte quatre groupes de critères : l'épanouissement personnel et l'émancipation (protection des libertés, éducation, amélioration des conditions de travail, espérance de vie en bonne santé...), la sociabilité et la cohésion sociale (développement de la vie associative, taux d'emploi, niveau de protection sociale, prise en compte de toutes les dépendances, de l'isolement...), l'égalité et la justice sociale (inégalités de patrimoine et de revenu, reproduction sociale, égalité femmes-hommes, égalité d'accès à la culture, aux services publics...), le respect de l'environnement (empreinte écologique, pollutions, taux d'émission de CO_2...).

La composition exacte de l'IPH fera l'objet d'un débat populaire, puis sera soumise au Parlement. Ainsi l'IPH sera un instrument démocratique permettant à la société de débattre de ses fins. Cette démarche sera mise en œuvre à tous les échelons.

Priorité à l'emploi et à la qualification

L'emploi pour tous est une nécessité. Les besoins non satisfaits sont immenses. Chaque femme et chaque homme aspirent à participer par leur travail au bien de tous. Notre politique vise à créer des millions d'emplois. **Dans la production aussi nous mettrons l'humain d'abord**.

Nous développerons la première richesse de la France, qui n'est pas la finance mais le travail humain, c'est-à-dire l'emploi et la qualification de ses travailleurs. C'est l'inverse des politiques néolibérales qui, en généralisant le chômage et en déqualifiant le travail, enrichissent le capital mais appauvrissent l'économie réelle.

Nous lutterons en priorité contre le gâchis social et économique que représente le chômage. **Loin de toute « flexicurité », nous sécuriserons les parcours de chacune et de chacun dans l'emploi et la formation avec une continuité de revenu tout au long de la vie**. Une Sécurité sociale professionnelle sera instituée, prenant en charge les périodes de non-emploi, de formation et de retrait d'activité, notamment pour les femmes ou les hommes élevant leurs enfants. Ainsi nous empêcherons que la force de travail du pays soit détruite par le chômage de masse.

Grâce aux efforts de la jeunesse et du service public d'éducation, la France bénéficie d'une élévation régulière du niveau de connaissance et de qualification des travailleurs. Mais paradoxalement l'économie crée de plus en plus d'emplois précarisés et les diplômés subissent une déqualification massive. Les qualifications sont toujours moins reconnues dans les conventions collectives. Les marchands d'éducation s'affairent pour substituer des certifications payantes et périssables aux qualifications durables assurées gratuitement par le service public. Pour produire autrement, nous développerons et reconnaîtrons au contraire **la qualification du travail**. La formation professionnelle continue doit relever du service public. Ce service public engagera des plans de formation en appui aux politiques de développement économique que nous mènerons dans les secteurs qui répondent aux besoins sociaux du pays : énergies nouvelles, ferroutage, secteurs industriels à relocaliser.

Nous promouvrons un nouveau type de développement alliant une nouvelle utilisation de l'argent, le développement de l'emploi et de nouveaux droits pour les salariés dans l'entreprise, inscrits dans la Constitution (voir p. 62).

Encourager d'autres formes de propriété

À l'inverse des idéologues du marché qui font de l'entreprise capitaliste privée le modèle unique, nous encouragerons la diversité des formes de propriété, indispensable à une politique efficace de création d'emplois. La loi reconnaîtra cette diversité et la protégera face à la « concurrence libre et non faussée » qui revient en fait à imposer partout la seule logique du profit privé.

Notre programme prévoit l'extension de la propriété publique par le développement des services publics. Il promeut de nouvelles appropriations sociales par la nationalisation de grands leviers de l'action économique, industrielle et financière. Il propose des formes décentralisées de la propriété sociale. Il veut aussi systématiser le recours à l'économie sociale et solidaire (ESS)*.

Le soutien public à l'économie sociale et solidaire*, et notamment aux coopératives, sera fortement augmenté. Une aide financière sera accordée aux salariés qui reprennent ou créent leurs entreprises sous forme de coopérative. Nous favoriserons la création de sociétés coopératives d'intérêt collectif (SCIC) permettant d'associer salariés, usagers et collectivités territoriales dans des projets de développement local. Les commandes de l'État, des collectivités et des services publics s'adresseront prioritairement à ces coopératives grâce à la modification de l'article 53 du Code des marchés publics. Un soutien sera apporté aux initiatives d'habitat autogéré et coopératif, dans le cadre des programmes de création de logements sociaux, en neuf et en réhabilitation. Enfin, l'ESS sera intégrée au programme des sciences économiques et sociales au lycée.

C'est en ce sens qu'une loi-cadre de l'ESS sera nécessaire afin de définir précisément les critères d'attribution des moyens de l'État et des collectivités publiques : les finalités sociales et environnementales des entreprises et des associations bénéficiaires ne pourront être dissociées d'un fonctionnement réellement démocratique.

Un renouveau industriel et technologique

Nous récusons le modèle d'une économie de services que nous assigne la division internationale du travail pilotée par les financiers. Nous voulons développer et rétablir le potentiel industriel de la France. Parce que l'urgence écologique implique de relocaliser l'économie et que l'urgence sociale commande de lutter contre le chômage ouvrier, nous refusons de limiter notre ambition industrielle à quelques secteurs de pointe et voulons reconstruire un tissu industriel diversifié.

L'état de l'industrie en France

L'industrie française a subi de plein fouet la crise économique, l'industrie manufacturière voyant sa production chuter de 12 % en 2009 (15 % pour les biens intermédiaires). Cette chute est en partie le résultat d'une tertiarisation artificielle, les grands groupes externalisant à outrance une partie de leurs activités vers des entreprises dites « de service ». Ainsi la part de l'emploi industriel dans l'emploi total passe de 32,2 % à 19,9 % entre 1978 et 2008. Face à cette situation dramatique et aux fermetures d'usine qui se poursuivent chaque jour, nous agirons pour soutenir l'emploi, la formation et la production de richesses réelles des industries, et pas seulement les multinationales de l'automobile, objet des principales attentions de Sarkozy qui a les « arrosés » les yeux fermés. C'est un enjeu considérable, à la fois social (maintien de viviers d'emplois en France et refus de la délocalisation), stratégique (développer des filières industrielles rompant avec la stratégie des firmes centrées sur les « centres de profits », respectant les savoir-faire du travail humain), un enjeu de planification écologique (choix économe des matières et sources d'énergie), un enjeu européen, évitant des guerres commerciales ravageuses.

Nous engagerons une politique d'aménagement et de développement industriel du territoire fondée sur des exigences d'emploi, de qualification, de recherche et d'environnement. Cette nouvelle façon d'entreprendre, de produire et d'échanger mènera à un nouveau type de croissance, plus humaine, sociale et écologique.

Nous porterons des **stratégies de filières dans des secteurs émergents et stratégiques**, intégrant recherche, innovation, développement, formation et production pour réduire par exemple la consommation d'énergie par l'isolation du parc ancien des bâtiments, ou encore dans le domaine des transports collectifs et de l'aménagement des espaces de vie.

Nous lancerons des plans industriels pour rétablir des productions délocalisées. Il est absurde que la totalité du paracétamol dans le monde soit produite en Chine ou que des constituants essentiels de l'industrie agroalimentaire ne soient plus fabriqués en Europe.

Nous abolirons les pôles de compétitivité qui concentrent les activités sur quelques lieux dans une mise en concurrence des territoires, au profit de la **constitution de pôles de coopération** permettant de mieux lier recherche, formation, production et emploi. Dans ce cadre nous créerons des **pôles publics de l'industrie** à l'échelle territoriale. Ceux-ci rassembleront les partenaires publics et privés de ces territoires et travailleront en liaison avec les forums citoyens des sciences et de la technologie (voir p. 64) ou d'autres instances de recherche en permettant l'embauche dans ces pôles de titulaires du titre de docteur et en faisant reconnaître ce titre dans les conventions collectives. Sur le modèle du CNRS, nous créerons un établissement public de recherche technologique et industrielle s'appuyant sur les structures existantes.

Nous mettrons fin aux exonérations de cotisations sociales. Les entreprises qui délocalisent et licencient devront rembourser toutes les aides publiques qu'elles auront perçues.

Les aides aux entreprises seront soumises à des règles strictes. Elles seront modulées en fonction du niveau des exigences sociales et environnementales qu'elles respecteront (réduction des temps partiels imposés, des écarts de salaire par exemple). Le pôle financier public fournira un crédit bonifié aux entreprises pour l'emploi, la formation, la recherche et le développement sur critère d'utilité sociale et environnementale des investissements et de la production.

Nous soutiendrons les politiques d'investissements des entreprises vers les innovations industrielles aux productions utiles. Nous favoriserons la relocalisation des activités et les circuits courts de distribution.

Nous **renforcerons la présence de l'État dans le capital d'entreprises stratégiques** pour leur sauvegarde et leur développement.

Le soutien de l'État et des pouvoirs publics aux PME-PMI, lesquelles sont aujourd'hui les plus créatrices d'emploi, sera renforcé.

Vers un nouveau modèle agricole

Nous agirons pour une ambitieuse politique agricole répondant à la satisfaction des besoins alimentaires des hommes et des femmes. Nous porterons cette exigence tant au niveau national, qu'international.

Nous mettrons en œuvre **un plan de transition écologique de l'agriculture** en vue de faire de l'agriculture française un modèle d'agriculture de qualité, sans OGM, largement autonome en ressources non renouvelables, relocalisée, participant à la santé publique des consommateurs et contribuant à la lutte contre le réchauffement climatique. Aides publiques, recherche agronomique, conseil technique, politique de crédit et enseignement agricole seront repensés en fonction de cet objectif.

Nous **stopperons et inverserons le processus de concentration de l'agriculture** et **recréerons des emplois en agriculture**. Pour cela, le mandat et la gouvernance des Safer* (Sociétés d'aménagement foncier et d'établissement rural) seront revus afin d'y rendre les pouvoirs publics majoritaires. Nous ferons jouer un droit de préemption systématique des terres libérées en faveur de l'installation d'agriculteurs ou de l'agrandissement de petites exploitations. **Nous soutiendrons l'installation de jeunes agriculteurs** et la consolidation des petites exploitations, y compris par le biais de réserves foncières, notamment à proximité des villes.

La transition écologique de l'agriculture et la création d'emplois étant conditionnées à la **juste rémunération du travail agricole,** les pratiques de la grande distribution seront encadrées au moyen de **prix minimums aux producteurs** et de **coefficients multiplicateurs maximums**. Nous affirmerons également **le soutien aux filières alternatives labellisées**, vivrières, courtes, de proximité, biologiques et reposant sur une juste rémunération afin de permettre au plus grand nombre de bénéficier d'une alimentation de qualité, notamment grâce à une évolution des appels d'offres publics permise par un nouveau Code des marchés publics.

La politique de la pêche visera à garantir la préservation et le renouvellement de la ressource halieutique. L'attractivité des métiers de la mer sera renforcée grâce à l'amélioration de la formation et des conditions de travail.

Les **marges de manœuvre nationales pour l'utilisation des aides Pac** seront pleinement utilisées pour favoriser l'agriculture paysanne, l'emploi et la transition écologique de l'agriculture.

Au niveau européen, nous agirons pour l'adoption **d'une politique agricole commune** (Pac) cohérente avec l'objectif de souveraineté alimentaire, centrant la production sur la réponse aux besoins du marché intérieur plutôt qu'aux échanges sur le marché international sur la base du moins-disant social et environnemental.

L'Europe, par une juste répartition de la valeur ajoutée entre producteurs, industries agroalimentaires et grande distribution, doit garantir **l'accès de tous les consommateurs à une alimentation de qualité**.

Au niveau international, nous agirons pour une **nouvelle organisation de l'agriculture dans le cadre des Nations unies**, afin de soutenir le développement de marchés régionaux, de réguler les marchés mondiaux, de mettre en œuvre un plan agricole et alimentaire mondial, de promouvoir la relocalisation et la transition écologique de l'agriculture et de combattre les processus d'accaparement des terres.

Nous serons **à l'initiative de la construction d'une alliance stratégique** avec les pays engagés dans la **défense de la souveraineté alimentaire et de l'agriculture paysanne**. Nous impulserons une **coopération au développement** qui priorise les accords avec les États mettant en œuvre des politiques répondant à ces principes. Chaque fois que possible, la France opposera son **veto** à la conclusion du cycle de Doha* de l'OMC, à la signature des accords de libre-échange (notamment les APE) négociés par l'Union européenne, à toutes les pressions du FMI et de la Banque mondiale et aux conditions posées à l'aide au développement aux pays du Sud.

5

La République pour de vrai

La République proclame l'égalité des citoyens. Elle ne se résume donc pas à un ensemble d'institutions, comme le régime politique républicain ou l'école républicaine. Elle constitue bien davantage un projet à réaliser : celui de l'égalité des citoyens, de la souveraineté de la communauté politique, de la liberté dans le respect de l'intérêt général. C'est pourquoi nous devons sans cesse nous assurer que le réel corresponde à l'idéal et notamment que les institutions contribuent bien à réaliser ces objectifs. Ce n'est souvent plus le cas aujourd'hui. Les discriminations perdurent voire s'aggravent. Les atteintes aux libertés se multiplient. Il est devenu nécessaire de réaliser une refondation républicaine de notre pays conforme à sa devise de Liberté, d'Égalité et de Fraternité.

Agir tout de suite

Réaffirmation de la loi de 1905 sur la laïcité
Instauration d'une négociation annuelle des partenaires sociaux pour le respect de l'égalité professionnelle entre femmes et hommes
Abrogation des lois LOPPSI, HADOPI* et des lois sécuritaires et liberticides
Régularisation des sans-papiers

Bilan annuel sur les discriminations
Abrogation de la loi organique relative aux lois de finances (LOLF) de 2001 pour mettre en place des règles alternatives n'impliquant pas la réduction des dépenses publiques
Abrogation de la RGPP et plan de création d'emplois publics (dans l'enseignement, la santé, la justice, la police...)
Doublement du montant de l'aide de l'État aux actions de prévention et d'aide sociale, à destination des collectivités et des associations

Agir pour un changement durable

Création du ministère des Droits des femmes et de l'Égalité
Loi-cadre de lutte contre les violences faites aux femmes
Loi de lutte contre le sexisme

La laïcité, pilier de la République et condition du vivre ensemble

La laïcité est un pilier de la République une et indivisible, un principe vivant et porteur de droits inaliénables garantis à tout membre de la société, français ou étranger : la séparation du politique et du religieux, la liberté de conscience et de culte, l'égalité des citoyens en tout domaine sans discrimination d'aucune sorte ; la neutralité de l'État à l'égard de toutes les convictions philosophiques, religieuses ou politiques.

Concernant les religions, le gouvernement français agira pour qu'aucune d'entre elles ne soit mise à l'index au prétexte de la laïcité, comme le fait régulièrement le Front national à propos de la religion musulmane.

Nous réaffirmons le **bien-fondé et l'actualité de la loi de 1905 sur la laïcité. Toutes les modifications ultérieures de la loi de 1905 affectant ces principes seront abrogées**. Pour nous, cette loi fondamentale de notre République a vocation à s'appliquer à tout le territoire national.

Aucun financement public ne sera octroyé à la construction de nouveaux établissements scolaires privés ou à la rénovation de ceux qui existent déjà. Toute ségrégation de genre ou communautaire de l'espace public sera interdite (par exemple le choix du sexe du médecin à l'hôpital public). Le président de la République renoncera définitivement à son titre de chanoine de Saint-Jean-de-Latran.

Nous défendrons la laïcité dans les institutions européennes et refuserons le financement public des religions et organisations confessionnelles. Nous interdirons les sectes.

Dans les relations internationales comme dans notre pays, la laïcité est une condition de la paix, car elle permet le respect du droit de chaque peuple et de chaque être humain indépendamment de ses convictions religieuses. Nous débarrasserons donc la politique internationale de la France de ses références à la théorie nord-américaine du choc des civilisations qui cherche à diviser le monde en fonction des appartenances religieuses.

Égalité femmes-hommes : se débarrasser du patriarcat

Nous mettrons en place un **ministère des Droits des femmes et de l'Égalité**, placé auprès du Premier (ou de la Première) ministre, doté de moyens, et appuyé par des délégué(e)s interministériel(le)s chargé(e)s de la mise en œuvre de l'égalité sociale et économique.

Nous organiserons une **négociation annuelle entre les partenaires sociaux sur le respect de l'égalité professionnelle** (embauche, salaires, retraites, promotions) au niveau des branches et des entreprises. Les atteintes à l'égalité professionnelle seront combattues et les sanctions renforcées.

> *La « Directive (clause) de l'Européenne la plus favorisée »*
>
> Soutenue par l'association Choisir la cause des femmes et par le Front de Gauche, elle consiste à harmoniser par le haut les droits des femmes européennes, en adoptant au niveau communautaire les lois nationales les plus progressistes : lois néerlandaises sur la contraception et les droits des homosexuel(le)s, française sur le viol, belge sur la parité, suédoises sur l'avortement et le congé parental, danoise sur l'éducation sexuelle… Contre-exemples : les lois polonaise et irlandaise sur l'avortement, cette dernière l'interdisant de fait par la reconnaissance des « droits de l'enfant non-né ». Adoptée le 18 février 2010, une résolution de l'Assemblée nationale ne demande encore qu'un rapport informatif. Il est temps de passer aux actes !

À partir de la loi contre les violences faites aux femmes votée en juillet 2010, nous ferons adopter une loi-cadre sur ces questions incluant les propositions élaborées par les associations du mouvement féministe. Nous donnerons les moyens nécessaires à l'application de cette loi en matière d'éducation, de prévention et d'information, ainsi qu'aux mesures à prendre en faveur des victimes de violence.

Un texte de loi anti-sexiste sera élaboré, définissant moyens et sanctions, condamnant les discriminations et insultes à caractère sexiste, ainsi que la banalisation et l'omniprésence de la pornographie et l'instrumentalisation des corps à des fins marchandes.

Nous agirons auprès de nos partenaires européens pour que la « Directive de l'Européenne la plus favorisée » voie le jour.

L'IMMIGRATION N'EST PAS UN PROBLÈME

La haine des étrangers, la chasse aux immigrés défigurent notre République : il faut en finir !

Les flux migratoires se développent dans le monde, ils mêlent des motivations diverses. La France ne doit pas les craindre, elle ne doit pas mépriser l'immense apport humain et matériel qu'ils lui ont déjà procuré. Non, la présence des immigrés en France n'est pas un problème.

L'immigration zéro est un mythe qui divise et affaiblit notre pays. Même s'ils seront peut-être moins importants que dans le passé, la France continuera à connaître comme tous les pays du monde des flux migratoires. Il faut donc mener des politiques refusant de ghettoïser la société, qui ne soient pas guidées par l'obsession du refoulement des étrangers.

Nous rétablirons la carte unique de 10 ans et le droit au regroupement familial, conditions d'une vie digne. Nous abrogerons les lois successives sur l'immigration adoptées par la droite depuis 2002 et nous procéderons à une refonte du Code de l'entrée et du séjour des étrangers et du droit d'asile (Ceseda). Nous régulariserons les sans-papiers dont le nombre a augmenté du seul fait des réformes de la droite. Nous décriminaliserons le séjour irrégulier, nous fermerons les centres de rétention, nous rétablirons le droit au séjour pour raison médicale.

Nous respecterons scrupuleusement le droit d'asile qui sera déconnecté des politiques migratoires.

Notre vision de l'avenir de la France s'appuiera sur un nouveau Code de la nationalité, fondé sur le respect intégral et automatique du droit du sol dès la naissance et sur un droit à la naturalisation permettant à tous les étrangers qui le souhaitent d'acquérir la nationalité française au-delà de cinq ans de résidence.

La lutte contre toutes les discriminations

Nous adopterons **une loi pour l'égalité** qui éradiquera toute discrimination. Les droits du PACS seront renforcés. Le droit au mariage et à l'adoption sera reconnu aux couples homosexuels. Les femmes lesbiennes auront accès à la procréation médicalement assistée.

Une loi en faveur des personnes en situation de handicap répondra à leurs besoins de façon impérative : mise en accessibilité du bâti, accompagnement de l'accueil à l'école publique, intégration professionnelle, revenu de remplacement égal au SMIC brut pour les personnes reconnues incapables de travailler.

Nous restaurerons la Haute Autorité de lutte contre les discriminations en renforçant son rôle et en la décentralisant, et nous remettrons en place également les médiations, et notamment la fonction du Défenseur des enfants.

Nous agirons fermement contre les discriminations à l'encontre des salariés étrangers. La violation des droits sociaux des travailleurs étrangers, dont sont notamment victimes les sans-papiers, fragilise l'ensemble des travailleurs et leurs droits sociaux.

Tout le champ des discriminations sera pris en compte (lieux publics, école, travail, logement, accès aux biens et services...), qu'elles soient fondées sur l'engagement syndical ou politique, qu'elles soient racistes, sexistes, fondées sur les convictions religieuses, l'orientation sexuelle ou l'identité de genre, qu'elles stigmatisent des jeunes, des immigrés, des gens du voyage, des personnes en situation de handicap, qu'elles touchent à l'âge ou à l'origine sociale.

Un bilan annuel sera présenté au Parlement, suivi de décisions pour mieux faire appliquer les lois prévues à cet effet.

La sécurité : une affaire de solidarité nationale

Prévention, dissuasion, sanction : la lutte pour la sécurité ne saurait être efficace sans reposer sur ces trois exigences.

Nous abrogerons la loi LOPPSI 2 et les lois sécuritaires attentatoires à nos libertés, protégerons les citoyens face au fichage généralisé et à la vidéosurveillance. Nous assurerons à tous et à toutes les moyens d'une défense de qualité en élargissant et en revalorisant l'aide juridictionnelle et les indemnités des avocats présents pendant la garde à vue.

Les dispositifs de lois anti-jeunes et criminalisant les familles en difficulté seront abrogés.

Une loi contre la corruption et les conflits d'intérêt sera adoptée pour sanctionner la « délinquance en col blanc ».

Nous devrons impérativement stopper la baisse des effectifs de la police et recruter. Les forces de police devront conduire leur action dans le cadre d'une déontologie fondée sur le respect des personnes, elles bénéficieront d'une formation en ce sens et de meilleures conditions de travail. Nous procéderons à l'intégration de toutes les polices de sécurité publique dans un service public unifié.

Il en sera de même pour le ministère de la Justice qui est l'un des premiers sinistrés de la RGPP avec le rétablissement d'une carte des tribunaux sur l'ensemble du territoire et le lancement d'un vaste plan d'humanisation de l'univers carcéral.

Il faudra revoir de manière drastique la répartition des forces de police sur le territoire national : les communes populaires sont aujourd'hui les premières à souffrir de la « rationalisation » des effectifs à l'échelle des départements et un effort conséquent devra être opéré pour répondre à leurs besoins, effort relayé par un plan de construction de locaux et d'ouverture de commissariats.

Nous redonnerons toute sa place à la police de proximité.

L'aide de l'État aux actions de prévention et d'aide sociale, destinée aux collectivités territoriales et au mouvement associatif, sera doublée, sous forme de subventions ou d'investissements directs de l'État dans les services publics les plus touchés.

6

Convoquer l'Assemblée constituante de la VIe République

Les institutions actuelles ont éloigné le pouvoir du peuple, provoquant une grave crise démocratique. L'abstention bat des records. La vie politique tend à se réduire à une compétition présidentielle opposant tous les cinq ans des candidats qui se distinguent avant tout par leurs styles personnels, arbitrée par des médias principalement voués au libéralisme. Entre deux élections, le pouvoir gouverne sans le peuple voire contre lui comme nous l'avons vu ces dernières années sous la présidence de Nicolas Sarkozy. Dans cette situation, les intérêts privés les plus puissants s'en donnent à cœur joie. C'est l'oligarchie qui gouverne. Pour restaurer une démocratie véritable, il est temps de fonder une nouvelle République.

Agir tout de suite

Convocation d'une Assemblée constituante
Abrogation de la réforme territoriale de 2010
Rétablissement de la proportionnelle à toutes les élections
Création du Conseil national des médias

Agir pour un changement durable

Fondation d'une VIe République parlementaire, sociale et participative
Élaboration du statut de l'élu et du statut du bénévole

UNE CONSTITUTION DÉMOCRATIQUE, DES LIEUX DE TRAVAIL AUX INSTITUTIONS

Pour s'assurer le contrôle de sa destinée, **le peuple doit reprendre le pouvoir**. Nous voulons de nouvelles institutions pour garantir la souveraineté populaire, assurer la primauté de l'intérêt général sur les intérêts financiers, permettre une implication populaire continue dans tous les actes de la vie professionnelle, sociale et politique par l'inscription de nouveaux droits pour les citoyen(ne)s et les salarié(e)s.

La Constitution que nous défendons réaffirmera les droits sociaux : droit à l'emploi et au travail, à la santé, au logement, à l'éducation, à la protection sociale.

Elle renforcera les pouvoirs du citoyen là où il travaille, en reconnaissant la citoyenneté d'entreprise : nous instaurerons des droits nouveaux pour les salariés dans l'entreprise, et le statut des grandes entreprises sera redéfini en tenant compte de leur responsabilité sociale. Le pouvoir économique ne sera plus entre les mains des seuls actionnaires, les salariés et leurs représentants seront appelés à participer aux choix d'investissement des entreprises en tenant compte des priorités sociales, écologiques et économiques démocratiquement débattues. L'avis favorable des représentants du personnel ou des comités d'entreprise sera obligatoire pour toutes les décisions stratégiques. Nous instaurerons un droit de veto suspensif sur les licenciements et l'obligation d'examiner les contre-propositions présentées par les syndicats.

Dans les entreprises publiques, le droit des usagers sera reconnu et exercé. **Le droit de grève et de se syn-**

diquer, la liberté d'expression seront confortés. Les CE se verront reconnaître des droits étendus d'expertise, de contrôle, de proposition et de décision. Les délégués syndicaux interentreprises dans les TPE seront reconnus, et nous agirons pour l'extension des droits des « Comités de groupe* » au niveau des groupes européens. La hiérarchie des normes sera rétablie (pas d'accord d'entreprises moins favorables que les accords de branche) (voir p. 22). Une véritable médecine du travail dotée de moyens de prévention, d'analyse et de décision sera développée.

Nous mettrons immédiatement en place une citoyenneté de résidence. Les résidents extra-communautaires bénéficieront du droit de vote aux élections locales.

Contre le présidentialisme, nous défendrons le régime parlementaire et restaurerons la balance des pouvoirs. **Nous voulons rétablir la primauté de l'Assemblée nationale sur l'exécutif**. Les pouvoirs exorbitants du président de la République doivent être supprimés dans le cadre d'une redéfinition générale et d'une réduction de ses attributions. Le gouvernement sera responsable devant l'Assemblée nationale. Nous proposerons la suppression du Sénat ou sa réforme profonde pour devenir une chambre relais des collectivités locales et des initiatives citoyennes. La proportionnelle sera rétablie pour toutes les élections. La parité sera garantie par la loi, le cumul des mandats strictement limité en nombre et dans le temps.

Nous garantirons l'indépendance de la justice à l'égard du pouvoir exécutif en instaurant un Conseil supérieur de la justice à la place du Conseil supérieur de la magistrature, pour moitié élu par les magistrats, pour moitié nommé par le Parlement. Il sera responsable devant le Parlement. Ce Conseil supérieur de la justice décidera des nominations de l'ensemble des magistrats. Les institutions du maintien de l'ordre et de la justice seront réformées conformément au respect des droits fondamentaux tels que formulés dans la nouvelle Constitution.

La Constitution que nous voulons garantira l'indépendance des médias à l'égard du pouvoir politique et des puissances d'argent. Les présidents des chaînes publiques seront nommés par leur conseil d'administration, dans lesquels les représentants du personnel constitueront 50 % des membres. Nous améliorerons les conditions de travail des journalistes pour permettre une information indépendante, pluraliste et de qualité.

Le droit des citoyens à intervenir dans le développement de la recherche sera inscrit dans la Constitution. Nous garantirons la création de forums citoyens des sciences et de la technologie, dotés du pouvoir d'enquête, dès lors que les populations concernées en feront la demande. Leur composition sera représentative de tous les acteurs de la vie publique. Travaillant aux côtés des instances de recherche existant dans les territoires, leur travail, évalué par des scientifiques, donnera lieu à un rapport annuel examiné par l'Assemblée nationale. Le gouvernement sera tenu d'y répondre.

Nous créerons un **ministère de l'Éducation populaire et des libertés associatives**. Nous remplacerons la circulaire Fillon du 18 janvier 2010 qui impose aux associations les critères de gestion des entreprises privées, par une loi qui confortera les possibilités d'agir des associations au service de l'intérêt général et préservera les libertés associatives.

Nous définirons à tous les niveaux une politique de soutien financier au monde associatif, transparente et privilégiant les aides au fonctionnement plutôt que les aides à projet qui mettent en concurrence les associations.

Nous renforcerons les pouvoirs des instances regroupant les associations au plan national (CNDA et CPCA) qui prendront une place prépondérante dans la gestion d'un observatoire national de la vie associative.

L'implication populaire permanente

Nous voulons renforcer et amplifier la souveraineté directe du peuple. **La démocratie participative** sera inscrite dans la Constitution et des lois déclineront ce principe pour donner les moyens, les outils, les espaces pour sa mise en œuvre. Elle s'appliquera à l'élaboration des lois, à la mise en œuvre des grandes politiques publiques et à la gestion des collectivités territoriales, notamment au moyen de budgets participatifs.

Un statut de l'élu(e) dans toutes les collectivités (communes, départements, régions, assemblées nationale et européenne) sera garanti ainsi qu'**un statut du bénévole**.

Une nouvelle instance nationale pluraliste chargée du contrôle de constitutionnalité sera créée en lieu et place du Conseil constitutionnel actuel, les citoyens ayant pouvoir de la saisir.

Nous créerons de nouveaux domaines d'intervention populaire. Le référendum, ou toute autre forme de consultation populaire directe, pourra être initié par voie de pétition réunissant un pourcentage conséquent de la population.

Tout changement du périmètre des **services publics** sera décidé après consultation du peuple.

L'initiative d'une loi sera ouverte aux citoyennes et aux citoyens, aux organisations syndicales et aux associations.

L'ORGANISATION DU TERRITOIRE

La réforme de 2010 des collectivités territoriales* sera abrogée.

Le principe général de responsabilité selon lequel l'**État est le garant de l'égalité des citoyens** sur l'ensemble du territoire devra être réaffirmé et consolidé (péréquation financière, garantie de l'application des droits, égalité de traitement, etc.). Personne ne sera laissé pour compte.

La décentralisation sera organisée en fonction du principe de proximité permettant d'optimiser les décisions publiques dans le sens d'une plus grande satisfaction de l'intérêt général tout en définissant le rôle respectif de l'État et des différents échelons territoriaux en France et en Europe. Elle refusera la mise en concurrence des territoires et s'appuiera sur le **développement des coopérations**.

Dans les territoires d'Outre-mer, nous favoriserons un nouveau modèle de développement pour un progrès humain endogène en rupture avec le modèle actuel de dépendance inégalitaire et appuierons les coopérations régionales au service d'alternatives mondiales (co-développement, chantiers écologiques d'intérêt universel).

L'autonomie des collectivités territoriales devra être assurée grâce à l'actualisation du principe de libre administration contenu dans la Constitution et à une réforme de la fiscalité locale faisant participer les actifs matériels et financiers des entreprises.

Un processus constituant, une Assemblée constituante

Pour respecter pleinement la souveraineté populaire et poser les bases de la République démocratique et sociale que nous voulons construire, nous engagerons un **processus constituant**, mettant au cœur l'engagement citoyen et le débat public.

Une Assemblée constituante distincte de la nouvelle Assemblée nationale, ayant pour mandat de rédiger un projet de Constitution nouvelle pour une VIe République, sera élue au suffrage universel, dès 2012. Elle sera élue à la proportionnelle intégrale sans seuil, avec la parité. Les parlementaires en exercice ne pourront s'y présenter et les élu(e)s de la Constituante ne pourront être candidats aux élections suivantes. Les modalités de l'élection et du débat public seront établies après consultation des organisations sociales.

Le texte proposé sera l'aboutissement d'un **grand débat public** réunissant citoyens, organisations sociales et politiques qui, sous des formes à définir (assemblées populaires, États généraux, forums citoyens, etc.), relayé par les médias, devra permettre au peuple lui-même de s'en approprier les enjeux.

Ce projet de Constitution nouvelle, une fois voté par l'Assemblée constituante, sera soumis à référendum populaire.

7

S'affranchir du traité de Lisbonne et construire une autre Europe

Le traité de Lisbonne concentre toutes les impasses du capitalisme de notre époque. Il impose la concurrence libre et non faussée au détriment des droits sociaux conquis par les luttes démocratiques et ouvrières des derniers siècles. Il encourage le libre-échange au détriment de l'environnement et de la justice sociale. Il entretient la dérive autoritaire de l'Union européenne en concentrant le pouvoir entre les mains d'institutions non élues. Il est nécessaire de s'affranchir du traité de Lisbonne pour répondre à l'urgence sociale, résoudre la catastrophe écologique, régler la crise démocratique et construire une autre Europe.

Agir tout de suite

Remise en cause du Pacte pour l'Euro+* et création d'un Fonds de développement social, écologique et solidaire européen

Agir pour un changement durable

Bataille politique et diplomatique pour un nouveau traité européen
Refonte des statuts et missions de la BCE

De même que nous voulons une VIe République débarrassée du présidentialisme et refondée sur des fondamentaux humains et sociaux, nous voulons une Europe affranchie du traité de Lisbonne, qui respecte la souveraineté des peuples et qui soutienne des politiques de développement social et écologique. Le traité de Lisbonne, imposé par voie législative après le rejet à près de 55 % des Françaises et des Français du traité constitutionnel européen, est illégitime. Nous refusons tous les pactes et plans d'austérité qui concourent à amplifier la récession économique et la régression sociale au nom de la même logique libérale de soumission aux marchés financiers. Nous voulons mettre un terme à la libéralisation des services publics encouragée par les directives européennes, et nous engagerons la refonte du Code des marchés publics qui soumet l'action publique aux règles de la concurrence libre et non faussée.

Nous avons besoin d'une Europe laïque, indépendante, de paix et de solidarité internationale. Une Europe qui agisse pour mettre fin aux ingérences impérialistes et néocolonialistes. Une Europe qui s'engage pour le respect des droits des peuples, en particulier ceux du peuple palestinien.

En prenant appui sur les luttes et les aspirations au changement en Europe, nous nous engagerons dans la mise en chantier d'un **nouveau traité** qui serait adopté en France par référendum après un grand débat populaire. Nous agirons pour l'adoption d'une clause de non-régression sociale et environnementale.

La France prendra l'initiative d'États généraux de la refondation européenne en faisant appel à toutes les forces politiques et sociales disponibles en Europe.

Nous combattrons le Pacte pour l'Euro+* et le « semestre européen » qui veulent imposer l'austérité à vie aux peuples et nier la souveraineté de leurs représentants. Nous organiserons un référendum sur ces dispositions nouvelles et nous ferons campagne pour qu'elles soient rejetées.

Sans attendre cette échéance, nous agirons pour développer des politiques européennes nouvelles, libérées de l'emprise des marchés financiers.

Conformément au mandat qui nous aura été donné par le peuple français pour mettre en place une politique de gauche dans notre pays, nous refuserons d'appliquer des directives contradictoires à nos engagements, notamment en ce qui concerne la dérégulation des services publics.

La Banque centrale européenne

La BCE est aujourd'hui un obstacle à la sortie de crise, dans la mesure où elle encourage systématiquement les marchés financiers, l'austérité, la lutte contre l'inflation au détriment de l'emploi et des salaires. Son objectif unique fixé par les traités est de « maintenir la stabilité des prix », c'est-à-dire en l'espèce la valeur des capitaux amassés par les rentiers. Sa politique monétaire indifférenciée ne tient pas compte de la situation de chaque pays de la zone Europe et elle est incapable d'un crédit sélectif aux entreprises. On comprend ainsi la frilosité de la BCE quand il s'agit d'investir sur le marché des obligations d'État afin d'alléger la pression sur la Grèce, ou son refus de prêter à taux zéro aux États, ce que d'ailleurs le traité de Lisbonne lui interdit alors que la crise l'imposerait. Indépendante statutairement, la BCE échappe aujourd'hui à tout contrôle démocratique et a même commencé à la faveur de la crise financière à donner des ordres aux gouvernements souverains des États européens.

Notre désobéissance fera tache d'huile dans l'Union et dans la zone euro. Elle sera un appui pour les pays dévastés par les plans de rigueur (Grèce, Portugal, Espagne, etc.). À terme, notre objectif est de briser le bloc libéral au sein de l'UE et de pousser à la négociation d'un nouveau traité. Il faut sortir du pessimisme et de la soumission à la technocratie européenne. La France, en tant que pays fondateur de l'Union européenne, a les capacités de la transformer si elle conjugue action souveraine et bataille d'opinion européenne. Loin d'être isolés, nous en sortirons renforcés dans une Europe actuellement dominée par l'ultralibéralisme et le monétarisme promus de longue date par les gouvernements britannique et allemand.

Nous agirons pour le réaménagement négocié des dettes publiques, l'échelonnement des remboursements, la baisse des taux d'intérêts les concernant et leur annulation partielle. Nous exigerons des moratoires et des audits sous contrôle citoyen.

La France proposera une **refonte des missions et des statuts de la BCE**, qui doit être mise sous contrôle démocratique pour lui permettre de pouvoir prêter à taux faibles, voire nuls, directement aux États, et d'acheter des titres de la dette publique sur le marché monétaire pour promouvoir l'emploi, la formation et les services publics, en ayant pour objectif de répondre aux besoins humains et à ceux de la planète.

Nous proposerons la création d'un « Fonds européen de développement social, écologique et solidaire » répondant à cette exigence (voir p. 32, p. 36) ; d'un « visa social et écologique » pour les échanges commerciaux ; et l'abandon de toute politique de la « flexicurité ».

Nous travaillerons à une harmonisation fiscale qui exigera une imposition minimale des entreprises, pour empêcher le dumping social entre pays membres de l'UE, et mettra en place un contrôle des mouvements de capitaux et le blocage de ceux à visée spéculative, la taxation du capital et des transactions financières, le contrôle des activités des banques et la lutte contre les délocalisations. Nous établirons un secteur bancaire public pour favoriser le développement d'un nouveau crédit.

La France mettra son veto au projet de Grand Marché transatlantique* qui consacrerait la vassalisation de l'Europe par les États-Unis.

Une nouvelle politique agricole commune sera élaborée (voir p. 50), fondée sur la sécurité et la reconnaissance du droit à la souveraineté alimentaire, rapprochant les paysans européens au lieu de les mettre en concurrence, tournée vers le développement des coopérations avec les pays qui souffrent le plus de sous-alimentation.

La France s'engagera pour une Europe de l'harmonisation des droits sociaux et politiques. Elle demandera la mise en place d'un Smic européen (établissement d'un salaire minimum légal dans chaque pays et procédure de convergence vers le haut).

Les services publics, avec de nouvelles créations à l'échelle continentale, deviendront un pilier de la construction européenne.

Les pouvoirs de la Commission européenne devront reculer au profit de ceux du Parlement européen et des Parlements nationaux dont les pouvoirs d'initiative, de codécision et de contrôle seront renforcés.

La France agira pour une Europe de l'égalité des droits qui s'inscrira en faveur de la dignité humaine, contre la pauvreté, l'exclusion, les divisions et discriminations.

Elle agira également pour que les politiques d'Europe « forteresse » et de stigmatisation des étrangers non communautaires soient abandonnées, et les accords de Schengen renégociés au profit d'une action résolue en faveur de politiques nouvelles de migrations internationales et de codéveloppement, en particulier avec les pays du pourtour méditerranéen.

L'égalité femme-homme sera une valeur fondamentale de l'Union européenne, la « Directive de l'Européenne la plus favorisée » sera mise en place (voir encadré p. 56).

8

La France pour changer le cours de la mondialisation

Désormais servilement alignée sur les États-Unis d'Amérique, la France de Nicolas Sarkozy ne porte aucune vision alternative à la mondialisation libérale. Si demain la cinquième puissance économique du monde prenait un autre chemin, l'effet d'entraînement serait considérable sur les peuples du monde. En gouvernant autrement la France, nous voulons aussi contribuer à changer le cours de la mondialisation dans laquelle des politiques de coopération et de solidarité pourront enfin se développer.

Agir tout de suite

Retrait des troupes françaises d'Afghanistan
Retrait de la France de l'OTAN
Reconnaissance de l'État de Palestine par la France et par l'UE

Agir pour un changement durable

Réformes de l'ONU et établissement d'une nouvelle hiérarchie des normes internationales, fondée sur la primauté des normes sociales et environnementales

Création d'un Tribunal international de justice climatique sous l'égide de l'ONU

Le choix de la coopération entre les peuples

La France s'engagera pour de nouvelles relations internationales fondées sur le respect des souverainetés populaires, sur des coopérations mutuellement profitables entre les peuples, sur la primauté des normes sociales et environnementales sur celles de la finance et du commerce.

Nous annulerons la dette des pays pauvres et mettrons en place, comme au niveau européen, un Fonds de coopération solidaire sous l'égide de l'ONU financé par une taxe de type Tobin (ou d'autres types de taxation du capital international).

Nous mettrons un terme à une politique étrangère de la France basée sur les relations néocoloniales et la Françafrique.

Nous développerons une action de coopération avec les peuples qui cherchent à construire la démocratie et la justice sociale, notamment en Tunisie et en Égypte, et nous reconstruirons une politique de coopération véritable entre les deux rives de la Méditerranée.

La France engagera des politiques de coopération scientifique et universitaire internationales *via* la mise en commun et le partage en libre accès des compétences et des ressources et *via* des budgets soutenant les missions internationales des chercheurs et des enseignants-chercheurs.

Nous agirons pour la souveraineté monétaire et financière des peuples, pour un commerce équitable fondé sur des normes sociales et environnementales exigeantes.

Nous combattrons les principes d'austérité du FMI et de libre-échange de l'OMC pour les changer profondément ou pour créer de nouvelles institutions internationales.

Nous appuierons la création d'un Tribunal international de justice climatique sous l'égide de l'ONU. Nous appuierons les projets comme « Yasuni-ITT * », fondés sur le principe de responsabilité commune pour l'intérêt général.

Une politique au service de la paix

La France rompra avec l'alignement libéral et atlantiste, la politique de force et d'intervention militaire et avec les logiques de puissance, pour agir en faveur de la paix, du règlement des conflits et du rétablissement du droit international. Elle agira pour une ONU démocratisée, s'appuyant sur une doctrine multilatérale renouvelée.

Nous déciderons, immédiatement, le retrait de la France de l'OTAN et nous nous battrons pour la dissolution de cette organisation. Nous rappellerons nos troupes engagées dans la guerre menée par l'OTAN en Afghanistan.

Nous nous battrons pour la suprématie du droit international sur la force, et notamment pour le droit souverain du peuple palestinien à disposer d'un État viable et indépendant, dans les frontières de 1967, avec Jérusalem-Est pour capitale et dans le respect du principe du droit au retour des réfugiés, un État palestinien vivant pacifiquement aux côtés d'Israël conformément aux résolutions de l'ONU.

Nous agirons pour la dénucléarisation, pour le désarmement multilatéral et contrôlé de tous les types d'armement dans l'esprit de la Culture de paix promue par l'Unesco et la Charte des Nations unies.

9

L'émancipation humaine en tête

La finalité de notre projet est l'émancipation, en créant les conditions pour que chacune et chacun puisse construire sa vie libéré(e) de toute domination et développer ses potentialités. L'organisation de la société doit donc permettre à chacun d'être maître de soi-même et de son existence par des politiques publiques qui placent en leur cœur les enjeux de culture, d'art, de savoir, de création, de maîtrise et de développement de son corps.

Agir tout de suite

Abrogation de la loi de 2003 sur l'assurance-chômage des intermittents du spectacle et création d'un système mutualisé pérenne
Plan de recrutement dans l'Éducation nationale
Abrogation de la loi LRU et du Pacte pour la recherche*

Agir pour un changement durable

Doublement du budget public de la recherche dans la législature
1 % du PIB consacré à l'art, à la culture et à la création
Loi contre les concentrations dans les médias et pour défendre la presse d'opinion
Adoption d'une loi-cadre sur le sport

De la maternelle à l'université, partager les savoirs

Nous combattrons la mise en concurrence des établissements et reviendrons sur toutes les mesures qui visent sous couvert d'autonomie à instituer un marché de l'éducation. Nous affirmons la nécessité d'**une politique nationale de l'éducation dans une logique de service public**, pour une véritable gratuité et égalité d'accès aux savoirs sur tout le territoire. Nous agirons concrètement pour que la production de connaissances et la formation soient libérées de la logique du marché et de la rentabilité financière et permettent l'établissement d'**une culture scolaire commune pour tous par l'appropriation de savoirs ambitieux**.

Nous construirons une école émancipatrice qui permette l'élévation pour tous du niveau des savoirs acquis et des qualifications reconnues. Pour ce faire, nous allongerons le temps scolaire : droit à la scolarité dès 2 ans, scolarité obligatoire de 3 à 18 ans.

Pour combattre son éclatement, nous reconstruirons une école qui élève pour toutes et pour tous le niveau des connaissances communes et prépare les élèves – par des pédagogies adaptées à chacun – à poursuivre leurs études jusqu'à 18 ans et le plus possible au-delà du lycée. Nous repenserons la progressivité entre les niveaux d'études, tout en conservant le cadre des disciplines.

Nous redéfinirons les programmes, et plus globalement l'école, en prenant comme point de référence l'élève qui n'a que l'école pour apprendre. Le soutien scolaire sera assuré par le service public de l'Éducation nationale.

Nous soutiendrons la relance de la recherche en éducation, le développement de la formation initiale et continue, et la création de temps d'échanges pédagogiques dans les établissements.

Nous lancerons **un plan de lutte contre les inégalités sociales à l'école**. Nous mettrons en place des

observatoires des inégalités rassemblant dans les territoires des élus, des parents, des enseignants, l'ensemble des personnels de l'Éducation nationale et des élèves à partir du collège ainsi que des personnalités associées. Les représentants des personnels constitueront 50 % de ces observatoires. Nous soutiendrons les projets des communautés scolaires qui créent les conditions d'une vie d'établissement contribuant à la réussite des élèves. Nous rétablirons **une nouvelle sectorisation scolaire** avec plus de moyens pour les établissements qui en ont le plus besoin.

La loi LRU (Libertés et responsabilités des universités)

Adoptée en août 2007, elle organise l'autonomie des universités, avec augmentation des pouvoirs de leur président (élu désormais par le seul conseil d'administration, où la présence du monde économique est renforcée et qui devient le seul conseil non consultatif) notamment sur les affectations et la gestion, et désengagement massif de l'État qui mènera à terme à un système à deux vitesses, celui des « grands pôles » investis par les financements privés, et des petites universités qui, mises face à la nécessité de trouver des sources de financement, devront notamment augmenter les droits d'inscription et supprimer les filières non rentables. Elle s'appuie en amont sur le rapport Hetzel de 2006 : rapprochements avec le privé, politique de « visibilité » et alignement sur les critères du classement de Shanghai (qui ne prennent pas en compte la production du CNRS : 50 % de la recherche française !).

Nous stopperons les suppressions de postes et engagerons **un plan de recrutement dans l'Éducation nationale** sous statut de la fonction publique d'État rétablissant, notamment, tous les postes supprimés. Nous développerons **le prérecrutement des enseignants*** pour que cette profession reste accessible à tous les milieux sociaux, quel que soit le niveau de recrutement. Nous rétablirons les postes de conseillers d'orientation-psychologues et procéderons à des recrutements pour que tous les jeunes aient accès au service public d'orientation. Les Réseaux d'aides spécialisées aux élèves en difficulté (Rased) seront rétablis dans leurs moyens.

L'investissement de l'État dans l'enseignement professionnel sera augmenté de 50 % pour que les enseignements techniques, professionnels et généraux soient d'égale qualité.

Nous garantirons le droit à une qualification égale pour ceux qui ont suivi une même formation : **défense du cadre national des diplômes** grâce au rétablissement des missions du Cneser, validation de toutes les années d'études dans les conventions collectives.

Pour l'enseignement supérieur et la recherche, nous engagerons rapidement la reconstruction du service public dans ses missions prioritaires, pour l'égal accès au savoir de tous les jeunes, quels que soient leur lieu d'habitation, les revenus et le milieu socioculturel de leur famille, ainsi que pour l'accueil des étudiants étrangers qui le souhaitent dans une vision non marchande de contribution au développement et à la coopération entre les peuples. Nous voulons élargir à toute la société les possibilités d'accès aux formes les plus élaborées du savoir scientifique et permettre à tout(e) étudiant(e) d'aller au bout de ses possibilités, avec le souci permanent de la validation des parcours et des acquis.

Parce que « l'électricité n'a pas été découverte en cherchant à améliorer la bougie », la marchandisation du savoir prônée par **la stratégie de Lisbonne sera combattue** et la coopération entre les services publics de l'enseignement supérieur au niveau européen sera défendue et élargie. **La France agira pour soustraire les services publics de recherche et d'enseignement supérieur au champ de négociation de l'OMC.**

Nous abrogerons la loi LRU et le « Pacte pour la recherche* ». La conférence des présidents d'université ne pourra plus se substituer aux instances démocratiques dans la définition des politiques universitaires. Nous supprimerons l'Agence d'évaluation de la recherche et de l'enseignement supérieur (AERES), qui juge la production scientifique sur des critères de diffusion qui, au final, sont de nature marchande, et ne permettent de juger ni de la qualité d'un article, ni de celle du support qui le reçoit.

À la place de ce système libéralisé et autocratique, nous mettrons en chantier **une nouvelle loi** qui s'appuiera sur les travaux d'Assises de la recherche réunies dès le début du mandat, nous démocratiserons les conseils d'administration des universités et des organismes de recherche. La totalité des personnels, des chercheurs et des enseignants-chercheurs pourra intervenir en amont des décisions.

Le CNRS, comme l'Inserm, seront rétablis dans la diversité de leurs disciplines et leur vocation de pôles publics de la recherche, au service de toutes les sciences et dans leurs missions de prospective et d'évaluation ; leurs instances retrouveront la plénitude des missions d'orientation de la recherche fondamentale.

Les personnels de la recherche publique verront **leur indépendance intellectuelle assurée.**

Nous garantirons le droit effectif de tous les enseignants-chercheurs à exercer une activité de recherche. Un nouveau statut du doctorant sera élaboré en étroite collaboration avec les organisations et associations qui les regroupent. **Les missions de coopération internationale** seront partie intégrante des services des enseignants-chercheurs.

Les travaux des chercheuses et des chercheurs seront évalués par leurs pairs, sur la base de leur travail de recherche et non sur des publications d'articles dans des revues présélectionnées. Cette évaluation sera le fait d'instances majoritairement élues avec la garantie de la représentation de l'éventail des disciplines et de tous les courants de pensée. Le droit de recours sera effectif. Les « labellisations », outils de discrimination, comme les « initiatives d'excellence » (Idex) ou « les laboratoires d'excellence » (Labex), seront abandonnées.

Dans le domaine de la recherche également, la RGPP sera stoppée et **un plan de rattrapage de l'emploi** sera mis en place au profit exclusif de l'emploi permanent titulaire. **Le principe de la progression de la carrière pour chacune et chacun sera rétabli ; nous abandonnerons les primes « au mérite ».**

L'effort budgétaire public pour l'enseignement supérieur sera porté à 12 000 euros par an et par étudiant(e). **Nous doublerons le budget public de la recherche sur la législature.** Ainsi, les moyens publics de la recherche seront garantis ; l'apport de contributions privées sur la base de principes d'intérêt général sera possible, sans jamais se substituer au financement budgétaire public. Les fondations, vecteurs d'assujettissement à des financements précaires et opaques, seront abandonnées.

L'état de la culture en France

La culture en France est tristement représentative de l'état général de la fonction publique sous la RGPP : précarisation des agents non titulaires, coupes budgétaires et phagocytage de crédits par des institutions illégitimes (l'heureusement éphémère Conseil de la création artistique), vente (écuries du palais impérial du Rhin à Strasbourg) ou reconversion forcée (Archives nationales, destinées à accueillir la Maison de l'histoire de France) d'édifices de grande importance historique ; partenariats de plus en plus étendus avec le privé et les multinationales, comme dans le cas de la numérisation des fonds de la Bibliothèque nationale de France par Google...

Les financements de la recherche seront réorientés pour permettre le financement stable et récurrent des laboratoires et des équipes à hauteur de 70 % au moins. Les subventions « sur projet », qui sont celles principalement allouées aujourd'hui par l'Agence nationale de la recherche, deviendront complémentaires. L'ANR sera transformée en FPSE (Fonds public de soutien aux projets émergents) et interviendra exclusivement sur les projets « blancs », émergents, non déjà pris en compte par ailleurs.

S'ÉPANOUIR PAR LES ARTS, LA CULTURE, LES PRATIQUES CULTURELLES

Nous mettons la culture au cœur du projet politique du Front de Gauche, parce qu'elle est **la condition même de l'action politique**, de la démocratie. Notre choix de civilisation repose sur la capacité de la personne humaine à penser, agir, s'émouvoir. La confrontation aux arts, aux sciences, à la réflexion permet de devenir un citoyen éclairé, exigeant et ouvert.

Rompre avec le projet culturel de la droite et la casse du service public de la culture implique d'ouvrir parmi le peuple un vaste débat démocratique en vue de refonder un grand service public de l'art, de la culture et de l'information.

Nous mettrons en chantier la **refondation du service public** de l'art et de la culture par une loi d'orientation et de programmation budgétaire, qui réaffirmera la responsabilité publique et nationale de l'État et construira une compétence partagée entre l'État et les collectivités territoriales. Nous aurons pour objectif de porter l'effort public à **1 % du PIB** en une législature. Nous mettrons un coup d'arrêt au processus de marchandisation du service public de la culture et **annulerons immédiatement, dans ce secteur aussi, la RGPP**. **Un vaste débat public, national, décentralisé** et ouvert à tous les acteurs culturels comme à l'ensemble des citoyens, portera tout à la fois sur le sens de cette politique culturelle et sur les moyens nécessaires à sa réalisation. À cet effet, nous organiserons des **Conférences régionales** réunissant l'État, les collectivités territoriales, les professionnels et les citoyens.

Nous réaffirmerons le lien étroit entre le **soutien à la création et l'appropriation sociale et citoyenne** des œuvres et des pratiques culturelles et artistiques. Cela passe par le renouveau de l'éducation artistique à l'école et de l'éducation populaire, dans la cité et l'entreprise.

Face à l'emprise des industries culturelles sur l'ensemble des activités des champs artistique, littéraire et médiatique, nous mettrons en place les régulations qui s'imposent et ferons, en toutes circonstances, prévaloir l'intérêt public, afin d'**affranchir notre économie de la culture de la soumission à l'argent**. Nous encouragerons le développement de l'économie sociale et solidaire* (voir p. 47).

Nous affirmerons la centralité du travail artistique et culturel au sein des politiques publiques en termes d'emploi, de droits sociaux, de statuts et de rémunérations. La réforme de 2003 du régime de l'intermittence sera renégociée avec les organisations professionnelles, pour mettre en place un système de protection pérenne et mutualiste. Plus généralement, la **lutte contre la précarité** dans les différentes professions artistiques, culturelles et de communication sera résolument entreprise.

Nous abrogerons la loi Hadopi*, **créerons une plateforme publique de téléchargement**, et engagerons une vaste concertation en vue de garantir le respect des droits, moraux et à rémunération, des artistes, auteurs et interprètes grâce à une mise à contribution des fournisseurs d'accès, des opérateurs de télécommunications et du marché publicitaire.

Nous proposerons une **loi contre les concentrations** dans la presse, les médias et l'audiovisuel, pour les libérer des logiques financières et du diktat de l'audimat, afin de leur permettre d'accomplir leurs missions au service du pluralisme de l'information et de la culture. Nous créerons un **Conseil national des médias** composé d'élus, de représentants des professionnels et des usagers, chargé de veiller au respect de la responsabilité publique et nationale, et de favoriser la création de coopératives de presse. Nous refonderons un **Pôle public des médias** et garantirons l'existence de médias associatifs et de la presse d'opinion.

Nous agirons pour doter l'Union européenne d'une **authentique politique culturelle** dotée des moyens correspondants, en vue de favoriser le dialogue des cultures et de renforcer les échanges entre artistes et acteurs culturels des États de l'Union. Nous poursuivrons et développerons le combat pour **l'exception et la diversité culturelles**.

Nous refonderons l'**action culturelle extérieure de la France**, sinistrée par cinq années de réductions budgétaires, de fermetures de Centres culturels français et de sites de l'Alliance française, au service de la création et de son partage, dans le cadre d'une **mondialité du dialogue et de l'échange**. Nous agirons pour la défense et le développement de la langue française.

La création artistique, l'action culturelle, l'éducation populaire, mais aussi la libre circulation des informations et des idées, la production et la diffusion des savoirs et des connaissances et leur appropriation par le peuple, sont des conditions majeures d'une transformation progressiste de notre société. Car il ne saurait y avoir d'émancipation politique sans émancipation culturelle.

ÊTRE BIEN DANS SON CORPS, VIVE LE SPORT !

Nous garantirons l'accès de chacune et de chacun à la pratique sportive de son choix tout au long de la vie et donnerons au mouvement sportif les moyens d'accomplir ses missions de service public.

Nous assurerons la complémentarité entre l'éducation physique et sportive à l'école, le sport associatif et le sport en entreprise.

Nous défendons une organisation du sport en France qui garantisse **les liens de solidarité et de concertation entre le sport pour tous et le sport de haut niveau, les secteurs amateur et professionnel** par la mutualisation des moyens financiers, matériels et humains au sein du système fédéral.

Nous déclarerons le sport comme relevant d'une mission de service public appuyée sur les quatre piliers du modèle sportif français :

• l'éducation physique et sportive obligatoire de la maternelle à l'université, qui sera assurée par des enseignants spécialisés : sa durée ira de 3 heures à 5 heures par semaine.

• un véritable ministère des Sports auquel nous redonnerons les moyens qui lui sont nécessaires, avec ses services déconcentrés et ses établissements publics, réalisant leurs missions sur l'ensemble du territoire. Nous rétablirons au moins un Centre régional d'éducation populaire et de sport (Creps) par région et porterons le budget de ce ministère à 1 % du budget national.

• les collectivités territoriales, dont nous maintiendrons la compétence sport et le financement croisé des installations sportives. Nous engagerons avec elles un plan national d'urgence pour la construction et la rénovation des installations sportives.

• les fédérations sportives et le CNOSF, auxquels nous donnerons les moyens d'assurer leurs missions de service public et un fonctionnement démocratique, à travers notamment l'adoption d'un statut du bénévole et l'accès des femmes aux responsabilités dirigeantes.

Nous lancerons un plan national d'accès à toutes les pratiques sportives pour toutes et tous s'appuyant sur un soutien actif : **aux familles** à travers une aide assurée par la CAF ; à la pratique féminine et aux pratiques mixtes ; à la diversité des pratiques sportives ; au « sport/santé » ; à l'accessibilité aux personnes handicapées et aux associations sportives en entreprise.

Nous proposerons l'adoption d'une loi-cadre sur le sport réaffirmant son unicité, définissant les principes de l'action publique et reconnaissant le rôle de chaque collectivité et du mouvement sportif dans cette action. Dans cet esprit, nous créerons avec le mouvement sportif **une Conférence nationale du sport** rassemblant tous les partenaires sociaux et économiques du sport et nous établirons des instances de concertation, de réflexion et d'évaluation permanentes à chaque échelon du territoire.

Nous refuserons toute forme de défiscalisation et de réduction de cotisations sociales sur les revenus des sportifs professionnels.

Nous abrogerons la loi sur l'ouverture au marché des paris sportifs en ligne et nous augmenterons significativement la « taxe Buffet » sur les droits de diffusion des manifestations sportives à la télévision.

Nous modifierons la loi sur les retransmissions télévisées pour que les manifestations sportives féminines d'une importance majeure soient traitées de la même manière que les manifestations sportives masculines. D'une manière générale, nous mettrons en place un cahier des charges pour les organismes d'information et les médias, afin d'exiger le respect d'un sport porteur d'une éthique et de valeurs éducatives, et condamnant toutes formes de tricherie, de dopage, de violence, de corruption et de discriminations (racisme, homophobie, xénophobie, sexisme).

La France agira pour un sport vecteur de paix et de solidarité internationale, notamment à l'occasion des grandes manifestations nationales et internationales et de celles de l'olympisme. Elle agira pour la libre circulation des athlètes dans le monde, en dehors de toute pression politique, et pour l'élimination de tout trafic mondial des jeunes athlètes. Elle renforcera la coopération internationale pour le développement du sport dans les pays en voie de développement.

Le droit à la ville

Nous voulons faire de la ville un espace commun du bien vivre ensemble dans lequel chacun et chacune peut accomplir ses projets personnels, familiaux ou sociaux grâce à l'organisation partagée des espaces de vie.

La construction du service public national et décentralisé du logement, de l'habitat et de la ville réaffirmera le rôle majeur d'un patrimoine locatif public, pour faire vivre et garantir le droit au logement pour tous, partout et à tous les moments de la vie.

Nous élaborerons **une politique de développement global du territoire** dépassant le cadre de la politique du logement à laquelle le droit à la ville ne doit pas être réduit. Les politiques d'emploi, d'éducation, de santé publique, de transport, de culture et de sport devront elles aussi contribuer à faire de la ville un espace d'épanouissement personnel et familial. Ce sont les conditions indispensables pour construire des **quartiers équilibrés** qui ne soient pas uniquement résidentiels ou dortoirs, mais de vrais quartiers de vie, avec des logements, de l'activité économique, de l'emploi, des équipements publics et privés de proximité, des lieux de loisirs et de culture.

Pour construire cette ville partagée, nous mettrons fin aux politiques ciblées (zonage des quartiers dits sensibles, empilés les uns sur les autres, traitement stigmatisant de publics ciblés). **Le ministère de la Ville sera supprimé**, et les politiques de droit commun, réorientées vers l'accès au droit à la ville pour tous, deviendront la priorité. Cela permettra de garantir la mixité sociale et de lutter contre la ghettoïsation.

Les politiques urbaines et de l'habitat devront concourir à cet objectif pour une conception nouvelle de la ville, dense, ouverte, humaine, écologique (respectueuse de l'environnement et comportant des lieux de respiration), une ville favorisant la cohésion entre les habitants et le vivre ensemble.

Ces politiques seront débattues obligatoirement dans les collectivités pour permettre l'implication des habitants, des associations et des élus qui seule garantira la qualité des projets à même de combattre la ségrégation spatiale et la ghettoïsation, et d'affirmer la mixité.

Conclusion

Le monde fou que nous avons sous les yeux est le résultat de la domination accrue du capital financier sur le monde, le produit monstrueux de deux décennies de politiques néolibérales qui ont jeté les germes d'un grave recul de civilisation.

Cette situation a été rendue possible par le dépérissement de la démocratie : dérive autoritaire des institutions, abstention de masse, vie politique censitaire, uniformité médiatique, rétrécissement du débat politique aux dogmes de la « pensée unique », institutions non élues faisant prévaloir les normes néolibérales sur la volonté des peuples...

« *La meilleure forteresse des tyrans, c'est l'inertie des peuples*. » Cette vieille formule de Machiavel n'a rien perdu de son actualité. Pour secouer la tyrannie des marchés, il suffit donc que le peuple se mette en mouvement. Cela commence par chacun de nous.

Glossaire

Agences régionales de santé (ARS) : chargées depuis 2010 de la politique de santé dans leur région d'implantation et remplaçant les Agences régionales de l'hospitalisation (ARH), les DDASS et les DRASS, les ARS travaillent dans les faits à la casse de l'hôpital par l'exigence aveugle de l'équilibre budgétaire et la fermeture de services jugés non rentables.

Comités de groupe européens : institués par une directive de 1994, ce sont des instances d'information et de consultation mises en place dans les entreprises de dimension européenne pour regrouper des représentants salariés des différents pays européens où elles sont implantées.

Cycle de Doha : entamé à l'OMC en novembre 2001 en vue d'obtenir un abaissement réciproque des droits de douane et des aides à l'exportation entre pays développés et en développement, ce cycle de négociations est bloqué pour l'instant en raison notamment d'un désaccord sur le soutien américain et européen à leurs agriculteurs. Sa conclusion comporterait le risque de maintenir les pays en développement dans leur vocation de pays agricoles, freinant le développement de leurs autres secteurs tandis que l'agriculture des pays développés s'éteindrait. Mais c'est plus largement sa logique libérale (surconsommation, allongement des temps de transport et gaspillage d'énergie, dumping) qui est critiquable.

Économie sociale et solidaire (ESS) : elle forme un troisième secteur (à côté des secteurs privé et public), fondé non sur le profit mais sur une finalité sociale et sur le service à la collectivité ou à ses membres, avec un fonctionnement démocratique et autogéré. En relèvent les coopératives, les mutuelles et des associations telles les Amap (pour le Maintien d'une agriculture paysanne).

Établissement public à caractère industriel et commercial (Epic) : c'est juridiquement une personne publique gérant une activité de service public, comme la SNCF, le CEA, l'INA. Plusieurs Epic très importants sont devenus des sociétés anonymes, au nom du dogme libéral selon lequel le statut étatique d'une entreprise l'avantage en violant la concurrence libre et non faussée : ainsi La Poste (mars 2010), EDF (novembre 2004), Gaz de France (août 2004), France Télécom (juillet 1996)... Dans ce dernier cas, l'État n'est même plus l'actionnaire majoritaire.

Grand Marché transatlantique : projet de marché unifié de libre-échange abolissant les barrières douanières et réglementaires entre l'Union européenne et les États-Unis à l'horizon 2015 et mettant en place une institution parlementaire commune, poursuivi à la suite de plusieurs résolutions européennes qui n'ont jamais donné lieu à aucun débat public.

Hadopi, loi : Haute Autorité pour la diffusion des œuvres et la protection des droits sur Internet. Loi française qui vise à réprimer le partage sur Internet de fichiers soumis au droit d'auteur.

LBO : abréviation du terme anglais *leveraged buy-out* qui désigne une technique consistant à acheter une entreprise avec des capitaux empruntés (bénéficiant d'un effet de levier, c'est-à-dire qu'un petit apport initial suffit pour emprunter beaucoup d'argent), remboursé rapidement en saignant voire en revendant par morceaux la société achetée.

Maillé, loi : adoptée le 10 août 2009, elle prévoit l'extension du travail le dimanche et modifie donc l'article L3132-3 du Code du travail prévoyant le repos dominical, notamment dans les zones touristiques et les unités urbaines de plus d'un million d'habitants. Selon le texte de loi, cette extension se fait sur les bases du volontariat, mais les salariés « non volontaires » en ressentiront nécessairement tôt ou tard le contrecoup, en étant mis en concurrence de fait.

Mobilisation pour le logement et la lutte contre l'exclusion (MOLLE), loi : adoptée le 25 mars 2009, cette « loi Boutin » favorise notamment l'accession sociale à la propriété au détriment du logement social. Elle exclut de l'accès au logement social 10 % des familles environ en abaissant les plafonds de ressources. Source de contretemps, elle est un encouragement à l'endettement en période de crise et à l'achat en période de bulle immobilière. Elle facilite d'ailleurs les expulsions (articles 57 et 61). Une disposition du projet de loi, visant à intégrer l'accession sociale à la propriété dans le calcul des 20 % de logements sociaux de la loi SRU*, a heureusement été retoquée. Elle lance aussi l'expérimentation d'un « contrat de résidence temporaire » (art. 101), grâce auquel le propriétaire d'un logement vacant pourra économiser un gardien, échapper à la taxe sur les logements vacants et éviter les squats en louant à des locataires au statut précaire.

Pacte pour l'Euro+ et **Mécanisme européen de stabilité** : adopté en mars 2011, le Pacte pour l'Euro+ fixe aux États de l'UE un objectif d'équilibre budgétaire et de baisse du coût du travail/recherche de la flexibilité – c'est-à-dire respectivement l'austérité et la précarisation – tout en prévoyant que la Commission européenne vise et valide les différents budgets nationaux. C'est donc l'abandon des souverainetés populaires au profit des politiques libérales. Le MES, remplaçant à l'horizon 2013 le Fonds européen de stabilité financière, en sera un des bras armés en exigeant des États endettés une restructuration destructrice en échange de la « solidarité » communautaire.

Pacte pour la recherche : traduit par la loi de programme pour la recherche de 2006, il crée en particulier les Pôles de recherche et d'enseignement supérieur (PRES, auxquels s'adressent aujourd'hui une bonne partie des dites « initiatives d'excellence ») où il est possible de recruter des personnels de droit privé, potentiellement précaires, et où la coopération avec les entreprises et les fondations privées est recherchée. Tout ceci sous la loi de la concurrence entre établissements de recherche et de la contractualisation des moyens, organisée par l'Agence nationale de la recherche (ANR).

Prérecrutement des enseignants : dispositifs mis en place à divers moments sous diverses formes consistant à rémunérer des étudiants en contrepartie d'un engagement à préparer les concours d'enseignants. Cette pratique mise en œuvre dans les périodes de pénurie d'enseignants a souvent permis la poursuite d'études et l'accès au métier d'enseignant de jeunes issus des classes populaires.

Réforme de 2010 des collectivités territoriales : élaborée dans le but de réduire les dépenses des collectivités locales, cette réforme d'ampleur limite les capacités d'intervention des collectivités par la remise en cause de leurs compétences, institue un conseiller territorial qui siégera à la fois au conseil général et au conseil régional au détriment du lien démocratique avec ses électeurs et crée une inégalité territoriale et une grande confusion puisque les territoires obéiront à des statuts différents.

Sociétés d'aménagement foncier et d'établissement rural (Safer) : elles interviennent sur le marché foncier afin de le maîtriser, par la préemption des terrains en vente et la rétrocession aux agriculteurs, et de normalement limiter le phénomène de concentration et la spéculation foncière.

Solidarité et renouvellement urbains, loi (SRU) : adoptée par la gauche en 2000, elle contient notamment dans son article 55 l'obligation pour les communes intégrées dans des agglomérations de plus de 50 000 habitants de posséder 20 % de logements sociaux ; mais elle organisait au-delà le développement durable des transports et de l'urbanisme. Affaiblie par la droite (dispositions permettant le « rattrapage » des 20 % sur d'autres communes *via* l'intercommunalité), elle est bafouée au quotidien dans les ghettos riches comme Neuilly-sur-Seine

(3,6 % de logements sociaux en 2010), en raison de la faiblesse ou de la non-application des amendes.

Yasuni-ITT (projet) : initiative lancée par l'Équateur afin d'obtenir une compensation financière en échange de la non-exploitation pétrolière de parties de la forêt amazonienne, poumon du monde, conciliant ainsi les exigences de développement et la lutte contre l'effet de serre et pour la biodiversité locale.

VD09/11

Librio

1020

Composition Nord Compo
Achevé d'imprimer en Italie par Grafica Veneta
en août 2011 pour le compte de E.J.L.
87, quai Panhard-et-Levassor, 75013 Paris
Dépôt légal septembre 2011
EAN 9782290040645

Diffusion France et étranger : Flammarion